Da Cavalaria ao Segredo do Templo

Jean Tourniac

Da Cavalaria ao Segredo do Templo

Tradução:
Idalina Lopes

MADRAS®

Publicado originalmente em francês sob o título *De la Chevaleri au secret du Temple*, por Éditions Dervy.
© 2008, Éditions Dervy.
Direitos de edição e tradução para todos os países de língua portuguesa.
Tradução autorizada do francês.
© 2011, Madras Editora Ltda.

Editor:
Wagner Veneziani Costa

Produção e Capa:
Equipe Técnica Madras

Tradução:
Idalina Lopes

Revisão Tradução:
Jefferson Rosado

Revisão:
Arlete Gernari
Sérgio Scuo de Souza

Dados Internacionais de Catalogação na Publicação (CIP)
(Câmara Brasileira do Livro, SP, Brasil)

Tourniac, Jean Da cavalaria ao segredo do templo / Jean Tourniac. -- São Paulo : Madras, 2011.
Título original: De la chevalerie ou secret du temple.

ISBN 978-85-370-0683-2

1. Templários (Ordem maçonica) - História
I. Título.
11-04832 CDD-366.1
Índices para catálogo sistemático:
1. Templários : Sociedades secretas 366.1

É proibida a reprodução total ou parcial desta obra, de qualquer forma ou por qualquer meio eletrônico, mecânico, inclusive por meio de processos xerográficos, incluindo ainda o uso da internet, sem a permissão expressa da Madras Editora, na pessoa de seu editor (Lei nº 9.610, de 19.2.98).

Todos os direitos desta edição, em língua portuguesa, reservados pela

MADRAS EDITORA LTDA.
Rua Paulo Gonçalves, 88 – Santana
CEP: 02403-020 – São Paulo/SP
Caixa Postal: 12183 — CEP: 02013-970
Tel.: (11) 2281-5555– Fax: (11) 2959-3090
www.madras.com.br

Índice

Introdução à Edição Brasileira 6
Introdução 25

Capítulo I
  Uma Esquecida: A Ordem Militar e Hospitalária de
  São Lázaro de Jerusalém.. 31

Capítulo II
  Entre a Ordem de São Lázaro
  e a Cruzada: o Caso Ramsay... 55

Capítulo III
  Prelúdio Cipriota:
  João de Chipre e João, o Esmoleiro 66

Capítulo IV
  Chipre e o Enigma Templário 76

Capítulo V
  História e Mistérios de Chipre 82

Capítulo VI
  Língua Siríaca
  e Comunidades Cristãs do Oriente.. 94

Capítulo VII
  A Herança Templária.. 104

Capítulo VIII
  A Gnose Templária: Corpo Carnal e Corpo Espiritual 120

Capítulo IX
  À Margem do Processo 135

Bibliografia Resumida 157

Introdução à Edição Brasileira

MEUS AMIGOS, LEITORES, IRMÃOS E FRATERS,
RECEBAM OS MEUS SINCEROS VOTOS DE LUZ, AMOR E PAZ...!!!

> *"Existem várias moradas na casa do Meu Pai."* (João 14,2)

Venho, desta vez, escrever a respeito de um assunto que estou estudando há muitos anos e posso dizer que cada vez mais me sinto apaixonado pelo tema. Mas antes de adentrar no universo das Ordens de Cavalaria, quero falar um pouco sobre a "História da Cavalaria", esquecendo um pouco a "Ordem"...

Paralelamente a esta obra, estamos lançando vários títulos do mesmo tema, Templários, entre eles um livro intitulado *Os Cavaleiros Templários nas Cruzadas –Prisão, Fogo e Espada*, do renomado autor John Robinson, o mesmo que escreveu o best-seller *Nascidos do Sangue – Os Segredos Perdidos da Maçonaria*, ambos da Madras Editora, e que aconselho a leitura. Colocarei algumas opiniões que traduzem o que é essa obra:

> "Os Cavaleiros Templários nas Cruzadas – Prisão, Fogo e Espada *é um excelente livro para todos os que apreciam uma história bem escrita e pesquisada sobre estupidez, ganância, barbárie, crueldade inexprimível, mentiras, fraudes, traições e hipocrisia (...) John Robinson escreveu uma história fascinante sobre uma época inacreditável."* – Washington Times

> "De grandioso entusiasmo e narrativa vívida (...), essa é uma grande aventura." – The New York Times Book Review

Introdução à Edição Brasileira

"Nessa história extraordinária e cativante dos Cavaleiros Templários, é possível ver, desde os tempos remotos, a origem dos ódios e rivalidades antigos no Oriente Médio (...) Rica em incidentes humanos (...), trata-se de uma grande aventura de primeira classe." – Publishers Weekly

"O relato de Robinson sobre uma das ordens militares mais famosas do mundo medieval serve para lembrar que a história pode ser mais cativante do que a mais imaginativa das ficções." – Booklist

Além da obra de John Robinson, estamos trabalhando na edição de outra publicação que também não pode faltar em sua biblioteca: *Cavalaria – As Origens e a História das Ordens Cavaleirescas*, de Kevin L. Gest, é simplesmente sensacional:

"O mundo dos cavaleiros, especialmente das Ordens que existem hoje ou continuam a operar como honras familiares, é um mundo muito secreto e fechado, cuidadoso no gerenciamento de seus afazeres e das informações que são reveladas. Coletar informações nem sempre foi fácil, mas foi surpreendente a quantidade de informações disponível em documentos de domínio público. É desnecessário dizer que, por causa das eras que este livro cobre, muitos materiais consultados estavam livres de direitos autorais há décadas, e até séculos...".

Bem, Irmãos, mas estamos aqui para apresentar a obra de Jean Tourniac, *Da Cavalaria ao Segredo do Templo*, e, se não me engano, esta é a 39ª obra a respeito dos Cavaleiros Templários que lançamos pela Madras.

Podemos afirmar que Jean Tourniac é um discípulo do renomado e respeitável autor René Guénon, que também estou trabalhando na tradução e adaptação dos seus rituais. Esta obra é uma documentação bastante rica que permitirá analisar a natureza das relações estabelecidas pelos Templários com as comunidades orientais. Ela chega a revelar os traços essenciais de uma gnose ortodoxa que sela o destino aparente da Ordem mártir. O resultado dessa pesquisa, conduzida com fervor, mas também com rigor, é o objeto deste livro.

Vamos dar uma volta no passado, bem lá atrás...
O Poder é Capaz de Silenciar a História...

Tudo nos leva a crer que foi o Egito o berço do cavalo como arma de guerra e, por consequência, da Cavalaria como Arma. Desde daquela época os custos dos equipamentos e armamentos, assim como os de manutenção dos carros de guerra e dos animais, eram custeados pelo guerreiro; por esse motivo, apenas os mais abastados podiam fazer parte da Cavalaria egípcia. Mas um dos primeiros povos que utilizou a Cavalaria Organizada foi o assírio, a primeira grande potência militar da Idade do Ferro. Acredito que estou indo muito rápido, voltemos...

A História é fantástica e faz você viajar no tempo e no espaço a uma velocidade inacreditável... Por outro lado, não vamos nos esquecer da China e que várias teorias existem apenas para ser derrubadas, adaptadas, complementadas, modificadas e também estudadas... Deculpe-me pela utilização em excesso das reticências, mas isso me faz acreditar que estou perto de você, olhando-o... Trocando palavras e deixando que sua mente também viaje.

A domesticação do cavalo deve ter suposto um esforço enorme. Cavalos e mulas são rápidos e, na natureza selvagem, tendem a viajar em grupos. O processo de tentar capturar um deles na natureza selvagem era uma tarefa assustadora, certamente não recomendável para os fracos de coração. O homem não havia aprendido ainda a montar cavalos; a captura, portanto, teria de ser feita a pé. Deve ter havido um longo período ao longo do qual as formas de controlar o animal evoluíram, até que se aprendesse como domar o cavalo para que ele pudesse ser ligado a um trenó ou carroça – tal processo teria demandado experimentação e um crescimento gradual do conhecimento da anatomia do animal. A maneira exata em que se deu esse processo perdeu-se nas brumas do tempo, estando inteiramente aberto à especulação. Ainda assim, em 4000 a.C., por volta de 6 mil anos atrás, o cavalo havia sido domado, mas ainda tinha um uso limitado.

Podemos apenas supor que a domesticação de cavalos e as tentativas de aproveitar a força de seus corpos teriam sido inspiradas pela velocidade relativa deles em comparação com tantos outros animais. Bois há muito tempo são usados como animais de carga com uma força que permitia que um boi apenas puxasse uma carroça bem carregada. Apesar de um boi poder correr, ele não se iguala a um cavalo livre a todo o galope. Um método de ligar um boi a uma carroça foi desenvolvido por volta de 3000 a.C., provavelmente na China. Consistia em um entrelaçamento simples de tiras planas de couro que passavam em volta do corpo do boi e de lado a lado do seu peito, bem debaixo do pescoço. Também não se sabe exatamente quando o conceito de cangalhos rígidos entre os quais o animal era colocado, sendo os cangalhos ligados ao arreio, foi desenvolvido; provavelmente, foi logo após ou simultaneamente ao desenvolvimento do arreio. Antes disso, teria sido usada uma maca, ou um arranjo parecido com um trenó, ligada ao cavalo por cordas. O Museu de Antiguidades Egípcias no Cairo exibe uma carruagem completa, com cangalhos de madeira para ligar a carruagem a um arreio de cavalo, que data de cerca de 2500 a.C. Isso demonstra que a tecnologia do método de arreio era muito avançada já naquela época. Não há dúvida de que o mesmo projeto de arreio desenvolvido para o boi foi testado em cavalos. Se foi assim mesmo, provavelmente falhou. As anatomias do boi e do cavalo são bem diferentes. Colocar uma tira de arreio transversalmente na parte inferior do pescoço do cavalo resultaria no estrangulamento do animal que tentasse puxar uma carga pesada; quanto mais puxasse, menos ar chegaria aos seus pulmões. Consequentemente, por muitos anos o poder de tração do cavalo foi restrito à carruagem, uma carroça relativamente mais leve, enquanto o poder de tração dos bois foi usado para puxar carros pesados, arar, girar pedras de moagem e rodas d'água e outras tarefas pesadas. Em muitos países do mundo, as coisas continuam a ser assim.

De acordo com muitas fontes de história equestre, foi o desenvolvimento do peitoral ou coelheira para cavalo que permitiu que a força do cavalo fosse aproveitada para trabalhos pesados. Os chineses parecem ter sido pioneiros nos vários desenvolvimentos para aproveitar essa força, pois é atribuída a eles a invenção do peitoral, no século IV d.C. Foi uma inovação que se espalhou gradualmente pela Europa nos 500 anos seguintes.

Igualmente, de acordo com historiadores especialistas em cavalos, a forma de manejo de um cavalo possivelmente começou com uma argola sendo colocada pelo nariz do animal. Esse era praticamente o mesmo método que havia sido desenvolvido para controle de búfalos ou bois. Teria sido lógico usar esse método primeiramente; uma puxada leve do nariz em qualquer direção ensinaria o animal que ele deveria virar naquela direção – sendo conduzido pelo nariz. Logo seria descoberto que há pontos de pressão no nariz de um cavalo, que, se pressionados, resultariam em uma reação do animal semelhante àquela alcançada com uma argola. De acordo com especialistas, esses pontos de pressão foram usados com o que hoje seria considerada uma rédea sem freio, focinheira ou cabresto. Em vez de controlar o cavalo ao puxar áreas sensíveis da boca como um freio faz, a focinheira e o cabresto fazem o mesmo serviço ao colocar pressão em áreas sensíveis do nariz do cavalo. Arqueólogos descobriram que as primeiras formas de dispositivos colocados na boca do cavalo como forma de controle já estavam em uso por volta de 4000 a.C., e freios de metal eram usados por volta da metade do segundo milênio antes de Cristo. Um freio de boca exigiria tiras de algum tipo para mantê-lo na posição certa. Parece provável, portanto, que um dispositivo no formato de uma focinheira ou cabresto tenha sido usado como um primeiro mecanismo de controle e depois todos os elementos básicos de correia na cabeça estavam prontos para a evolução do freio de boca.

Assim, por volta de 2500 a.C., uma forma de controlar os movimentos e a reação do cavalo, juntamente com o arreio e a criação de carruagens robustas, havia sido desenvolvida, e essa evolução resultou na criação de uma forma de transporte de alta velocidade. Ela permitiu uma maneira relativamente rápida de comunicação – ideal para mensagens. Mesmo assim, parece que apenas séculos após o desenvolvimento do arreio e da carruagem a relação homem/cavalo evoluiu para a habilidade de montar o cavalo e controlar seus movimentos. Parece que ocorreu em cerca de 1000 a.C. Junto disso, veio a aptidão de se chegar a lugares que não eram acessíveis a carruagens e carroças. Desse modo, seja arreado a uma carruagem, em aproximadamente 2500 a.C., ou montado, a partir de mais ou menos 1000 a.C., o cavalo se tornou um instrumento de guerra. A história nos mostrou que novos conceitos e instrumentos de guerra, uma vez desenvolvidos, mudam as regras da batalha e as estratégias da arte da guerra.

Foi o desenvolvimento do estribo que realmente trouxe o uso do cavalo em si como um instrumento de guerra. Sabe-se que vários dispositivos para segurar ou descansar os pés do cavaleiro evoluíram por volta do mesmo período em que se desenvolveu a habilidade em montar cavalos. Essas invenções incluíam laços nas extensões da corda que eram simplesmente pendurados sobre o corpo do cavalo. Algumas evidências sugerem que os primeiros dispositivos que se aproximam do conceito moderno de estribo se desenvolveram novamente na China, por volta de 400 d.C., e foram usados principalmente para facilitar a ação de montar o cavalo em circunstâncias em que nenhuma outra ajuda estava imediatamente disponível. Passaram mais 400 ou 500 anos até que o estribo como conhecemos hoje finalmente prosperasse na Europa. Usar arco e flecha em um cavalo em movimento não era muito difícil, mas conseguir o ponto de apoio necessário para empunhar eficazmente uma espada pesada ou chuço longo, que mais tarde se tornaria uma lança, requer que os músculos da perna estejam retesados, e sem o estribo ou outro meio de permitir uma postura retesada, o uso dessas armas teria sido menos eficaz. Portanto, o desenvolvimento do estribo permitiu o emprego de tropas montadas que empunhassem espadas, as quais ainda chamamos de cavalaria. Esses guerreiros montados se tornaram a força de elite de sua época.

Como já mencionamos, bem antes de 2500 a.C., a combinação do cavalo com a carruagem forneceu um meio de transporte pessoal relativamente rápido. Foi também uma máquina de guerra para soldados de elite da época. Naquele tempo, e sem dúvida até tempos relativamente recentes, exércitos caminhavam ou marchavam para todos os lugares que eles precisavam ir. O cavalo e a carruagem eram geralmente usados para proteger os flancos das colunas que marchavam de ataques-surpresa do inimigo, para capturar e matar guerreiros inimigos fugindo do campo de batalha e, sem dúvida, para fazer o mesmo com supostos desertores. Há muitas ilustrações e esculturas antigas que descrevem cenas em que um agrupamento de cavalos e carruagens se dirige em alta velocidade contra as fileiras de infantaria inimiga com o objetivo de pisotear muitos homens, a fim de reduzir sua força e seu espírito de luta. Mais tarde, vemos evidência de longas lâminas serem conectadas aos cubos das rodas das carruagens para que, quando as carruagens se dirigissem aos inimigos, as lâminas arrancassem suas pernas. Além disso, havia as carruagens que tinham dois homens, um para manejar e conduzir os movimentos do cavalo, e o outro equipado com uma lança, dardo ou arco e flecha; tudo eram armas que podiam ser lançadas contra o exército inimigo em conflitos de alta velocidade. Com o sucesso desse tipo de tática, mais e mais cavalos e carruagens passaram a ser usados.

É desnecessário dizer que é altamente provável que de 4 a 5 mil anos atrás – a era das antigas dinastias egípcias – a visão de cavalos puxando carruagens em alta velocidade teria inspirado pavor ou admiração nas massas de cidadãos comuns do mundo. Foi uma época em que, sem dúvida, domar e treinar cavalos eram habilidades muito desejadas e raras. Na medida em que a importância do cavalo como um instrumento de guerra e comunicação cresceu, ficou claro que tais habilidades seriam possuídas e controladas pela elite governante da época. Ter, procriar e criar um grande número de cavalos era caro, e apenas a elite governante possuía recursos para custear essas ações. Além disso, as elites tinham um interesse pessoal em garantir que aqueles que fossem potencialmente seus inimigos não estivessem tão bem equipados.

Ao passo que a importância de cavalos como parte da máquina de guerra e comunicação cresceu, estes se tornaram bens de valor alto, criados, comprados e vendidos por aqueles que representavam os mais altos níveis da sociedade. E os melhores, maiores, mais energéticos e velozes cavalos sempre exigiam uma recompensa adicional. As características do cavalo diziam muito a respeito das características do dono. Talvez dessa tradição surgiram as pinturas de vários homens importantes da história com seus Cavalos Brancos...

No período medieval, os guerreiros montados – aquela força de elite que passamos a conhecer como cavaleiros – precisavam de mais do que um cavalo para apoiá-los em batalha. Cada cavaleiro demandava no mínimo quatro cavalos. Cada um deles precisava ser rápido e forte. Afinal, um guerreiro com armadura completa não era uma carga pequena a ser carregada. E cavalos podem ser mortos ou mutilados em batalha, ou simplesmente ficar cansados ao serem obrigados a cumprir suas tarefas. Por isso, cada cavaleiro precisava de outros cavalos que não estivessem cansados como reserva. Isso significava que havia uma comitiva de ajudantes que cuidava, tratava, treinava e mantinha os cavalos. Ser um cavaleiro era, portanto, uma ocupação cara. Por isso, apenas membros da elite governante da sociedade podiam exercê-la.

É foi assim que surgiram as Cavalarias Grega, Persa, Romana, Númida, Mongol, Chinessa, Idade Média, Espanhola, Napoleônica, entre tantas outras...

Um pouco da Ordem Romana

Visto que os guerreiros montados em cavalos já existiam por volta de 1000 a.C., não surpreende que alguns autores atribuam os primeiros vestígios de organizações de cavaleiros à civilização da Grécia antiga, que começou a florescer por volta do mesmo período. Há, no entanto, pouquíssimas evidências para apoiar essas teorias.

O que está claro é que em cada civilização, em cada sistema de governo, incluindo aqueles do mundo de hoje, há um mecanismo para recompensar aqueles indivíduos que se incumbiram de uma tarefa para o bem ou proteção da sociedade como um todo. Atualmente, vemos militares receberem honras em reconhecimento por ações notáveis ou heroicas no campo de batalha, sendo que para alguns deles essas honras consistem em uma pensão anual como um sinal de gratidão contínua. As honras podem ser militares ou civis, e também vemos atualmente honras serem dadas por diligência em assuntos governamentais, ou por iniciativas como a criação de um produto ou serviço que traga riquezas para a nação e, com isso, prestígio internacional. No passado, essas premiações podiam ser aumentadas pela alocação de terras, palácios e castelos, o que permitia a gerações sucessivas de uma família acumular riqueza, poder e posição. Em troca dessas posições de poder e influência havia uma obrigação de lutar diretamente, ou fornecer homens e materiais para uma nação ou governante em período de guerra. Em época de paz, essas posições podiam envolver a tomada de um papel ativo no governo da sociedade.

É nesse contexto que encontramos a criação de uma das primeiras organizações sociais cujas origens podem ser determinadas e que poderia ser identificada com sendo a constituição básica de cavalaria: a Ordem Equestre da Roma antiga.

Roma, como nos foi ensinado, foi fundada por volta de 750 a.C. graças aos feitos heroicos de conquista de dois irmãos, Rômulo e Remo. A mitologia sugere que Rômulo foi o primeiro rei de Roma.

Ao norte de Roma ficava uma área ocupada por um povo conhecido como os sabinos. Para habitar muitas de suas novas cidades e vilas no novo estado de Roma, a lenda conta que diversas sabinas foram sequestradas e mantidas como esposas para os romanos. Esse ato ficou conhecido por nós como o rapto das sabinas, um tema recorrente em várias formas de arte. Os sabinos exigiram que suas jovens mulheres fossem devolvidas, mas o pedido foi recusado. Por isso, os exércitos dos dois estados se encontraram no campo de batalha. De acordo com a lenda, a batalha nunca ocorreu porque as jovens de origem sabina, anteriormente sequestradas por Roma, se colocaram entre os dois exércitos, algumas com as crianças pequenas que eram o fruto da união com seus sequestradores romanos. Elas eram, portanto, sabinas, mas mães de romanos. Isso fez com que os dois estados se unissem em um. Após a criação do grande estado de Roma, dizem que Rômulo formou uma escolta de uns 300 soldados, escolhidos das famílias mais proeminentes dos dois antigos estados vizinhos. A mobilidade exata dessa escolta é desconhecida, mas dizem que os soldados montavam cavalos. Rômulo aparentemente os chamou de Céleres, palavra que dá certo fundamento para a ideia de que seus membros montavam cavalos e que aparentemente significa "veloz", o que poderia supor um papel adicional como mensageiros militares, mensageiros do rei, ou mensageiros do Estado.

Com a morte de Rômulo, os governantes posteriores de Roma continuaram a aumentar o grupo de Céleres até aproximadamente 535 a.C., quando Túlio se tornou o sexto rei de Roma. Túlio aparentemente ordenou que, para ser admitido nos Céleres, o candidato deveria ser selecionado entre as famílias nobres, as mais ricas e aquelas que possuíam as maiores propriedades. Essa nova estrutura organizacional se desdobrou na Ordem Equestre – uma Ordem que ficava entre a elite dominante, os senadores, e os plebeus, ou cidadãos romanos comuns. Com o passar do tempo, os membros da Ordem que mostravam coragem em alguma aventura militar, ou tivessem outra conduta meritória, recebiam uma promoção para o Senado, e assim eram aceitos como membros da nobreza de Roma. Elevados a essa posição, eram, portanto, membros da elite dominante. Elias Ashmole, que no final da década de 1600 empreendeu uma extensiva pesquisa sobre as origens da Cavalaria, escreveu a respeito da Ordem Equestre:

"Era uma organização tão antiga quanto o reino de Tibério, a que ninguém poderia ser admitido se não fosse livre ou um nobre por três gerações. Claro: durante muito tempo ninguém foi eleito cavaleiro senão os nobres mais destacados e as pessoas de boa linhagem...".

Para saber mais sobre essa figura notável, Elias Ashmole, sugerimos a leitura de *O Mago da Franco-Maçonaria*, de Tobias Churton, uma publicação da Madras Editora.

Como em todas as grandes instituições das civilizações antigas, parece que a Ordem Equestre caiu depois em um período de declínio assim que a estrutura da sociedade romana mudou. Ashmole continua:

"Contudo, devido à corrupção dos tempos, plebeus e escravos libertos acabaram sendo frequentemente aceitos dentro desse grau[...], o que resultou na contínua diminuição do seu poder até que este se reduziu a nada. Então, os palácios e gabinetes de juízes que antes os membros da Ordem recebiam tornaram-se outorgáveis aos publicanos. Quando Cícero foi Cônsul [...] a Ordem Equestre precisou ser reestabelecida, e em consequência disso seus membros foram incorporados à Comunidade no terceiro grau, sendo que todos os atos eram aprovados em Nome do Senado, do Povo de Roma e da Ordem Equestre".

E acrescenta:

"Como símbolo de eminência, os membros receberam os títulos de 'Esplêndido' e 'Ilustre', e algumas vezes eram chamados de 'os Sacratíssimos Cavaleiros'".

Assim, nos séculos V e VI d.C., o poderoso império econômico e militar ocidental de Roma desmoronou e foi substituído por uma nova forma de Império Romano baseada na religião. Muitas das Ordens de Cavalaria da Europa na Idade Média surgiram para ajudar a religião cristã tal como promulgada e reforçada pela Igreja Católica por cerca de mil anos.

Em 1945, um fazendeiro pobre da Terra Sagrada descobriu um jarro de louça enterrado. Esse vaso continha vários pergaminhos amarrados que permaneceram intactos por aproximadamente 2 mil anos. Os conteúdos do jarro foram gradualmente traduzidos e agora são chamados de os Evangelhos Gnósticos, sobre os quais você pode ler na obra *A Biblioteca de Nag Hammadi – A Tradução Completa das Escrituras Gnósticas*, de James M. Robinson, a maior Biblioteca já traduzida e também editada pela Madras Editora.

Existem vários estudiosos de arqueologia e teologia que os consideram os evangelhos deixados de fora do Novo Testamento quando sua forma estava sendo definida. O principal desses pergaminhos é conhecido como Evangelho de Maria Madalena, que, novamente, muitos acadêmicos acreditam que possa ser o texto original do que se tornou o Evangelho de João. Esses textos, e outros encontrados alguns anos mais tarde e conhecidos como Manuscritos do Mar Morto, deram origem a teorias controversas, que desafiam a ortodoxia da doutrina religiosa que sustenta a história da sociedade ocidental há mais de 1.500 anos.

Embora na cultura atual essas descobertas relativamente novas possam ter uma importância crescente, no mundo antigo elas não eram conhecidas e as pessoas daquela época apenas podiam reagir de acordo com aquilo que foram instruídas a acreditar. Assim, na primeira década do século XXI, surgem novas informações que colocam velhas ideias em um contexto diferente e transformam alguns temas antigos, de modo que, quando olhamos para o desenvolvimento da religião cristã, parece mais adequado levar em conta alguns fatos e teorias recentes, e não aquilo que até a pouco era considerado certo.

Há 2 mil anos, a cidade de Jerusalém fazia parte de uma área territorial extensa que, naquela época, era ocupada e administrada como parte do Império Romano. Um homem chamado Yehoshua foi, como nos disseram, condenado à morte por crucificação. Não está muito claro o que ele teria feito para suscitar a fúria das autoridades romanas. Há quem alegue que ele foi um profeta, espalhando uma mensagem divina. Há outros que acreditam que era um sacerdote, um líder ungido de sua comunidade, que viveu em um encrave devoto conhecido como os essênios, em Qumran, bem próximo de Jerusalém. Nessa comunidade, as crenças eram uma forma rígida da religião e da cultura originadas da fé hebraica; há ainda quem diga que ele pregou a tolerância e formou um grupo forte de seguidores entre as pessoas mais pobres da Judeia, de modo que a hierarquia governante do Templo de Jerusalém, cujo poder e autoridade dimanavam do governo romano, achou que suas posições estavam ameaçadas. Ainda há outros que sugerem que ele era visto como o messias (o rei) prometido, o Filho de Deus, que veio a

Jerusalém para libertar o povo judeu da escravidão de Roma e que sua missão era formar as bases de uma revolta contra o governo romano.

Qualquer que seja a verdade, a morte por crucificação era reservada principalmente àqueles que as autoridades da época julgavam culpados de incitar insurreições contra seu governo, o que sugere que eles viam suas atividades como uma ameaça ou desafio direto à autoridade romana e à estabilidade de parte do seu império. Cerca de 30 anos depois da crucificação de Yehoshua, uma insurreição maior contra o governo romano ocorreu. Por causa dela, o Templo Hebreu de Herodes, construído na antiga localização do Templo de Salomão em Jerusalém, foi completamente destruído pelo exército romano. O Templo era o terceiro que fora construído pelos judeus no mesmo lugar. E jamais seria erguido novamente. A vitória final dos romanos ocorreu em 70 d.C, com a captura da última fortaleza da rebelião judaica, em Masada.

O nome Yehoshua é mais amplamente conhecido entre nós como Jesus. É uma palavra latina derivada do hebraico e do grego equivalente de Jesu, Jeshua, Joshua, Yehoshua. A palavra "Cristo" aparentemente significa uma pessoa que foi devidamente ungida para assumir a autoridade de um líder, um governante tribal ou rei.

As proezas de Yehoshua foram registradas por escribas que, segundo nos ensinaram, foram chamados de Mateus, Marcos, Lucas, João e Paulo – Paulo era conhecido anteriormente pelo nome de Saulo. Com a crucificação de Yehoshua, acredita-se que Tiago, o Menor, às vezes também conhecido como Tiago, o Justo, e que acreditam ter sido um irmão de Yehoshua, se tornou o primeiro dignitário eclesiástico da fé revisada que ficou conhecida como a Igreja de Jerusalém. Dizem que mais tarde Tiago foi assassinado pelos saduceus e fariseus do Templo de Herodes por pregar que os cristãos não precisavam ser circuncidados ou cumprir os atributos cerimoniais das Leis de Moisés. Isso insultou a hierarquia do Templo em Jerusalém e o destino de Tiago foi selado. Logo, foi assim que Pedro, o apóstolo, antes um pescador e conhecido pelo seu nome real de Simão, se tornou o chefe da nova fé. Paulo, ao que parece, partiu em jornadas missionárias que o fizeram visitar muitas das maiores cidades orientais do Mediterrâneo daquela época, divulgando os feitos realizados por Yehoshua. Pedro também realizou jornadas missionárias, tomando uma rota diferente de Paulo. A rota de Pedro culminou com sua chegada em Roma por volta de 42 d.C. Nessa cidade, de acordo com o que se diz, passou os últimos 25 anos da sua vida, usando a cidade como base para seus atos missionários. Também de acordo com a tradição religiosa, a Crucificação aconteceu por volta de 33 d.C. Nesse caso, Pedro teria chegado a Roma apenas nove anos depois da morte de Yehoshua.

Tanto Pedro como Paulo foram mortos em Roma em 67 d.C. durante a perseguição de Nero aos cristãos. A história nos conta que Nero, imperador de Roma entre 54-67 d.C., foi responsável por começar um incêndio enorme que devastou a cidade por mais de seis dias e destruiu a maior parte da sua área residencial. O incêndio começou em uma área com ruas pequenas e repletas de edificações em madeira pelas quais o fogo rapidamente se alastrou, matando milhares de residentes. Durante a investigação que se seguiu, delatores foram subornados para dizer que o incêndio foi iniciado pelos cristãos. Desse modo, enquanto Nero começava a projetar uma nova cidade – cujo nome deveria ser Neronia, como um monumento aos seus empreendimentos arquitetônicos –, os cristãos foram alvo de perseguição, tortura e morte. Foi durante esse período de perseguição que tanto Pedro como Paulo foram mortos. Assim a *Catholic Encyclopedia* descreve a morte de Pedro:

"Em relação a como ocorreu a morte de Pedro, temos uma tradição... que ele foi crucificado. Orígenes diz: 'Pedro foi crucificado em Roma de cabeça para baixo, como ele próprio desejou morrer'. É muito provável que o local de execução tenha sido os Jardins de Nero no Vaticano, já que ali, de acordo com Tácito, foram geralmente levadas a cabo as cenas horríveis da perseguição de Nero; e nesse distrito, próximo da Via Cornélia e do pé das Colinas do Vaticano, o Príncipe dos Apóstolos encontrou seu local de sepultamento".

Esta foi a base sobre a qual a tradição cresceu. Simão Pedro mais tarde foi canonizado como São Pedro, o primeiro Papa, sendo que o papado foi de 32 a 67 d.C. Dizem que as viagens missionárias que Pedro e Paulo realizaram, e os ensinamentos que espalharam, lançaram as bases do que hoje conhecemos como a religião monoteísta de toda a Europa: o Cristianismo. Apesar das perseguições, ao longo dos próximos 200 anos, o Cristianismo espalhou-se progressivamente pelo Império Romano, um império que continha dentro dele um panteão de deuses e crenças religiosas. Provavelmente, por causa da rebelião contra o governo romano que havia acontecido na Palestina entre 60 e 70 d.C., sucessivos imperadores não confiavam nos cristãos e, por várias vezes, estes foram alvos de outras perseguições com base em um pretexto ou em outro. Duzentos e cinquenta anos depois de Nero – durante o reinado do imperador romano, Diocleciano – começou um novo período de perseguições implacáveis.

Em 300 d.C., o Império Romano havia se tornado tão vasto e tão difícil de governar com eficiência que foi dividido em dois impérios administrativos, um no Oriente e outro no Ocidente. Diocleciano foi imperador do Oriente.

Houve vários contratempos no Império, incluindo uma epidemia de peste. O número de mortos era tão grande que reduziu significativamente a população naquela parte do Império. A produção de comida havia sido afetada, assim como todos os outros aspectos da vida, incluindo a administração imperial. Membros da hierarquia romana acreditavam que a epidemia de peste havia sido causada por intervenção dos deuses. Exatamente da mesma forma que Nero havia culpado os cristãos pelo grande incêndio que destruiu Roma, a hierarquia romana sob Diocleciano culpou os cristãos por esse revés na sorte. Diocleciano ordenou que os cristãos, sob tortura se necessário, oferecessem sacrifícios aos deuses romanos a fim de acalmá-los. As perseguições de Diocleciano começaram em fevereiro de 303 d.C. com a emissão de um decreto que resultou na destruição de igrejas e locais de cultos cristãos. Documentos e manuscritos foram queimados, ao passo que dignitários eclesiásticos e líderes das seitas cristãs foram torturados e presos. Esse processo continuou por um total de oito anos, até que Constantino se tornou imperador.

Há muitas obras associadas à religião e à história que alegam que Constantino teria nascido na Inglaterra. De acordo com historiadores modernos, Constantino nasceu em fevereiro de 272 d.C. (embora ainda haja dúvidas sobre a exatidão dessa data) no lugar que conhecemos hoje como o estado balcânico da Sérvia. Seu nome completo parece ter sido Flavius Valerius Aurelius Constantinus. Ele costuma ser mais conhecido como Constantino I ou Constantino, o Grande. Sua mãe se chamava Helena, e o pai era Constantius Chlorus, um general romano altamente respeitado e um imperador do Império Romano do Ocidente.

Constantino foi bem educado. Viajou para lugares como a Babilônia (Iraque), Egito e Palestina. Teve um papel ativo nos assuntos políticos do Império e participou em guerras na Pérsia e nas áreas de fronteira do Império Romano ao longo do Danúbio. Servia na corte de Diocleciano em 303 d.C., quando este emitiu seu primeiro decreto contra os cristãos. Acredita-se de modo geral que Constantino tenha participado ativamente da perseguição e supressão que ocorreu após o decreto. É difícil imaginar que um político ativo e oficial militar na corte de Diocleciano na época em que o decreto foi emitido não tivesse participado ativamente em sua execução, apesar de mais tarde ele ter negado qualquer envolvimento.

Por volta de 300 d.C., o pai de Constantino, Chlorus, recebeu o comando da Ibéria (Espanha), da Gália (França) e da Bretanha, um dos postos avançados mais ao norte do Império Romano. Durante esse período, Chlorus participou de várias batalhas importantes que significaram vitórias em favor da autoridade romana. Sob o governo de Chlorus, os cristãos não foram perseguidos da maneira implacável que Diocleciano impunha no Império do Oriente. Há registros que dizem que Constantino se uniu ao seu pai na Gália e, juntos, cruzaram em direção a Bretanha e viajaram para York, naquela época uma cidade de guarnição romana. Por causa do clima frio, úmido e das condições na Bretanha, uma transferência de posto para essas ilhas era, ao que parece, o pior pesadelo de um soldado romano – um posto longe do calor do sul da Europa, a sofisticação da vida romana, e abundância relativa de boa comida e vinho. Chlorus ficou doente durante sua estadia na Bretanha e morreu em York em 306 d.C., após isso, parece que o exército elegeu Constantino como César, uma posição que o levaria a se tornar imperador.

Apesar de historiadores mencionarem que Helena, mãe de Constantino, tenha mais provavelmente nascido no Mediterrâneo oriental, possivelmente onde hoje é a Turquia ou na área onde hoje está a Bulgária, há também lendas que a ligam à Grã-Bretanha. É essa ligação errônea que provavelmente conduziu à ideia de que seu filho, Constantino, nasceu na Inglaterra. Por volta de 1100 d.C., Godofredo de Monmouth, um bispo da Igreja do País de Gales, produziu uma obra sob o título *Historia Regum Britanniae* (História dos Reis da Grã-Bretanha). Nesse trabalho, ele descreve Helena como tendo sido a filha de um rei britânico, Cole de Colchester. Historiadores atribuem muito do material de referência de Godofredo de Monmouth a manuscritos antigos produzidos por escritores como Beda, o Venerável, cuja obra *Historia Ecclesiastica Gentis Anglorum* havia sido escrita 400 anos antes, por volta de 250 anos depois da retirada dos romanos da Grã-Bretanha. Acredita-se que Godofredo de Monmouth tenha confundido a Helena, mãe de Constantino, com outra Helena, uma dama ligada à fundação de igrejas cristãs no País de Gales. Dizem também que ela foi a esposa de Magnus Maximus, general romano que ocupou um posto na Grã-Bretanha por algum tempo, foi declarado imperador e morreu em 388 d.C. Acredita-se que ela também teve um filho chamado Constantino. Helena mais tarde ficou conhecida como Santa Helena de Caernarfon, uma cidade a noroeste do País de Gales. A combinação de coincidências – o nome dela, o casamento com um general romano e um filho chamado Constantino – parece ter sido a base da confusão criada por Godofredo de Monmouth e que levou às lendas acerca da ligação de Helena com a Grã-Bretanha. Apesar disso, Helena permanece como a santa padroeira de duas cidades na Grã-Bretanha: Abingdon, em Oxfordshire, e Colchester, em Essex. Mais tarde, Helena viria a ter um papel chave na instituição do Cristianismo no Império Romano.

Quando Constantino e seu pai chegaram à Grã-Bretanha em 305 d.C., a fé recém-criada do Cristianismo já havia chegado lá primeiro, em 40 d.C., quando a Igreja de Jerusalém – da qual Tiago, o Menor, ou Tiago, o Justo, foi o primeiro dignitário eclesiástico, e da qual Pedro e Paulo saíram em suas respectivas jornadas missionárias – ainda estava em seu estágio inicial e a Igreja de Roma ainda demoraria muitos anos para ter seus primeiros alicerces. Acredita-se que José de Arimateia, um possível parente do crucificado Yehoshua, chegou à costa britânica em um lugar chamado Llantwit Major, em Gales do Sul. Isso coincidiria com a dispersão de figuras-chave da Igreja de Jerusalém em várias jornadas missionárias, como as realizadas por Pedro e Paulo. Existe ainda uma crença de que o Cristianismo chegou por meio da influência de mercadores que navegavam do Mediterrâneo para a Grã-Bretanha, ou por aqueles que fugiam da perseguição romana após a rebelião judaica em Jerusalém entre 66 e 70 d.C. Há também quem sugira que as perseguições realizadas por Nero e Diocleciano levaram muitos cristãos de Roma e do Império Oriental a se transladarem para a Grã-Bretanha, um porto relativamente seguro.

Assim, quando Constantino lá chegou com seu pai, o Cristianismo já estava na Grã-Bretanha por cerca de 250 anos. Passariam mais 250 anos para a chegada de Austin, o monge, mais tarde conhecido com Santo Agostinho de Canterbury (Cantuária), que frequentemente, embora de forma mal orientada, recebe os créditos por essa honra missionária. A tradição diz que no período em que estava na Grã-Bretanha, Constantino ficou cada vez mais impressionado pela natureza pacífica, pela convicção e o apoio mútuo que os cristãos demonstravam.

Após sua partida da Grã-Bretanha como César Augusto, Constantino enfrentou duros desafios à sua autoridade. Os Impérios Romanos do Oriente e do Ocidente estavam em desordem. Havia conflitos e disputas entre vários pretendentes ao trono de Roma. Constantino estava totalmente ocupado defendendo as fronteiras da autoridade romana no norte da Europa e não participou das contendas que estavam acontecendo no coração do Império. Apesar disso, era um Augusto e quando recebeu notícias de que as estátuas erguidas em sua honra estavam sendo derrubadas e destruídas, e de que estava sendo taxado como um tirano, nada podia fazer além de proteger sua reputação e posição, e marchou para a Itália com seu exército de cerca de 20 mil homens. É desnecessário dizer que existiam aqueles que desejavam o trono de Roma e que tinham exércitos bem maiores, em média quatro ou cinco vezes maiores que aquele que Constantino tinha à sua disposição. Em consequência disso, seu exército se envolveu em várias batalhas importantes, incluindo Susa, Turim e Verona. Todas elas terminaram em vitórias para Constantino, apesar das situações extremamente desfavoráveis.

À medida que continuava sua jornada em direção a Roma, Constantino teria tido um sonho no qual viu que sua salvação viria ao marchar sob um estandarte portando o símbolo do Deus dos cristãos. Naquela época, o símbolo não era a cruz de quatro braços dos anos modernos; em vez disso, Constantino adotou o lábaro, ou o *chi-rho*. É formado a partir das letras gregas Chi (χ) e Ró,(ρ), iniciais de Χριστός ("Cristo", em grego).

Resumindo, o imperador Constantino formalizou o Cristianismo como a religião principal do Império um pouco antes da queda de Roma. Em uma época na qual o Império Romano estava em perigo de fragmentação, assim como no período que ele passou na Inglaterra, Constantino ficou impressionado pela atitude daqueles cidadãos que acreditavam naquilo que era então um novo sistema de fé. E procurou utilizá-lo como uma forma de unir o povo do Império. O dogma, a estrutura e o conteúdo organizacional do Novo Testamento da Bíblia como nós conhecemos receberam seu formato no Primeiro Concílio de Niceia em 325 d.C. Muito daquela estrutura e daquele dogma continuam os mesmos no começo do século XXI, quase 2 mil anos após serem determinados. Foi a partir desse Concílio que se fundaram as bases da Igreja Romana, que dominaria grande parte da Europa durante a Idade Média...

As Novas Ordens de Cavalaria

Chegamos bem perto de onde queria. E a partir daqui começa uma nova aventura, muito mais esotérica do que propriamente histórica, porém investigativa, e sua base é na trama constitutiva de uma história sutil e secreta. A cada capítulo deste livro assistiremos a pesquisas específicas: São Lázaro, João de Chipre, a língua siríaca, as comunidades cristãs no Oriente, a Gnose Templária, a Herança Templária... As especificações religiosas, culturais, sociais e militares. O autor se recusa ao recorte "vertical" e arbitrário em setores de análises que se ignoram. "A realidade nunca é aprendida pela soma dos fragmentos, por mais detalhados que sejam, ela é um todo, um conjunto." Ele levará em conta os lugares, as formas arquiteturais e os cantos, os homens, seus ritos e suas doutrinas... Farei uma citação colhida no texto:

"... Ramsay dizia que a Maçonaria tinha sido fundada na alta antiguidade, e tinha sido renovada na Terra Santa pelos Cruzados reunidos em um objetivo nobre, e dizia serem eles os nossos ancestrais. Ao fazer isso, pode ser que pensasse nas referências feitas às Ordens medievais durante sua nomeação como cavaleiro da Ordem de São Lázaro; além do mais, suas relações com a família de Bouillon, que se dizia descendente dos Cruzados, talvez tenham suscitado seu interesse por estes. Talvez ele também desejasse tornar a Maçonaria atraente para os inúmeros nobres que se juntaram à Ordem nessa época.

Esta última hipótese poderia explicar em parte por que Ramsay se referiu à Ordem de São João de Jerusalém. A Ordem de São Lázaro, da qual ele era membro, deve ter sido fundada na Palestina no decorrer do século I após Jesus Cristo; então, após a criação da Ordem de São João de Jerusalém, as duas Ordens se fundiram e tiveram um Grão-Mestre único. Ainda que esta última Ordem tenha desaparecido, Ramsay de alguma forma foi seu cavaleiro; ela era uma das mais veneradas de todas as Ordens Cavaleirescas; dessa maneira, ao identificar nossos predecessores com ela, não apenas ele glorificava a Maçonaria, mas homenageava sua própria Ordem".

Enumera-se na obra as cinco grandes Ordens de Cavalaria Monástica enraizadas na Terra Santa:

- a Ordem dos Hospitalários de São João, dita de Malta, ou Ordem de São João de Jerusalém;
- a Ordem da Milícia de Cristo, dita Ordem do Templo;
- a Ordem de Santa Maria dos Teutônicos;
- a Ordem de São Lázaro de Jerusalém;
- a Ordem do Santo Sepulcro.

As "cores" que figuram nos mantos – e que são para a Cavalaria o que o avental é para a Maçonaria, e o escapulário para o Monaquismo – podem ser resumidas da seguinte maneira: Negro e Branco – Vermelho e Branco – Negro e Verde. As cruzes dos mantos são:

- negra para os Teutônicos (cor da cruz dos cavaleiros dos mais altos graus do Escocismo Antigo e Aceito);
- branca para Malta;
- vermelha para o Templo e o Santo Sepulcro;
- verde para São Lázaro.

Encontramos aqui essa combinação verde, branco, vermelho que correspondem às três virtudes teologais e ao escocismo em geral.

Lembremo-nos rapidamente de que o Templo – a Ordem dos "pobres cavaleiros de Cristo" – foi fundado em 1118. A Ordem canonical do Santo Sepulcro remonta a 1099 e foi unida em 1489 à de São João, sendo que seus cônegos deixaram a nomeação do título aos cavaleiros armados do Santo Sepulcro, privilégio que foi reservado em 1496 ao Custódio da Terra Santa e transferido, no início do século XIX, ao patriarca latino de Jerusalém; aliás, essa iniciativa permitiu a reunião dos cavaleiros em uma "Ordem Equestre do Santo Sepulcro" (Breve de Pio IX, em 20 de janeiro de 1869) bem conhecida atualmente.

Mas apenas as Ordens de Malta e de São Lázaro podem reivindicar uma origem anterior às Cruzadas. De fato, os Hospitalários de São João já existiam antes de 870; o hospital de São João foi restaurado pelos mercadores da cidade italiana de Amalfi e, junto com o hospital de "Santa Maria Latina", fazia parte dos serviços de caridade prestados aos "latinos", ao que parece, pelos Beneditinos. Gérard Tenque, de Martigues, transformou-o em uma Ordem hospitalar e seu sucessor, Raymond du Puy, deu-lhe uma vocação militar.

Perceberemos, então, que durante a leitura desta obra será necessário ativar a sensibilidade do seu coração, seu conhecimento interno, a comunhão com o Divino.

Que esta obra possa lhe oferecer um cabedal de conhecimento fantástico sobre esse tema tão instigante: Da Cavalaria ao Segredo do Templo.

Fraternalmente,

Wagner Veneziani Costa
Grão-Mestre da Grande Loja de Mestres Maçons da Marca do Brasil
Grande Senescal – Grão-Mestre Adjunto do Grande Priorado do Brasil
Grande Visitador Geral do Grande Priorado do Brasil da Ordem dos Cavaleiros Benfeitores da Cidade Santa

Bibliografia:

BAIGENT, Michael e LEIG, Richard. *O Templo e a Loja*. São Paulo: Madras Editora, 2005.

BOURRE, Jean-Paul. *Dicionário Templário*. São Paulo: Madras Editora, 2005.

CHILDRESS, David Hatcher. *Os Piratas e a Frota Templária Perdida*. São Paulo: Madras Editora, 2006.

CRYER, Neville Barker. *Um Pouco Mais sobre os Graus de Cavaleiro Templário e de Malta*. São Paulo: Madras Editora, 2010.

DAPHOE, Stephen. *O Compasso e a Cruz – Uma História dos Cavaleiros Templários Maçônicos*. São Paulo: Madras Editora, 2009.

———. *Nascidos em Berço Nobre – Uma História Ilustrada dos Cavaleiros Templários*. São Paulo: Madras Editora, 2009.

FANTHORPE, Lionel e Patricia. *Os Mistérios do Tesouro dos Templários e do Santo Graal*. São Paulo: Madras Editora, 2006.

FRALE, Barbara. *Os Templários – E o Pergaminho de Chinon Encontrado nos Arquivos Secretos do Vaticano*. São Paulo: Madras Editora, 2007.

FRAISSINET, Édouard. *Ensaio Sobre a História da Ordem dos Templários*. São Paulo: Madras Editora, 2005.

GARDNER, Laurence. *Os Segredos Perdidos da Arca Sagrada*. São Paulo: Madras Editora, 2004.

GEST, Kevin L. *Cavalaria – As Origens e a História das Ordens Cavaleirescas*. São Paulo: Madras Editora, 2011.

HAAGENSEN, Erling e LINCOLN, Henry. *A Ilha Secreta dos Templários*. São Paulo: Madras Editora, 2007.

LOMAS, Robert. *Girando a Chave Templária*. São Paulo: Madras Editora 2007.

MONTAGNAC, Élize de. *História dos Cavaleiros Templários*. São Paulo: Madras Editora, 2005.

PHILLIPS, Graham. *Os Templários e a Arca da Aliança*. São Paulo: Madras Editora, 2005.

ROBINSON, John. *Os Cavaleiros Templários nas Cruzadas – Prisão, Fogo e Espada*. São Paulo: Madras Editora, 2011.

YOUNG, John K. *Locais Sagrados dos Cavaleiros Templários*. São Paulo: Madras Editora, 2005.

Introdução

Vincular a história de uma Ordem cavaleiresca de extração hierosolimitana e florescente de nossos dias ao mistério da milícia templária, extinta em 1312, parece um desafio.

Isso supõe primeiramente que se queira de alguma forma esquecer, por alguns instantes, o respeito testemunhado por essa Ordem cavaleiresca à autoridade religiosa que decidiu a supressão da milícia templária.

Isso também supõe que se proceda a um salto cronológico, de cerca de 20 séculos, para alcançar essa zona de princípios cosmológicos em nome dos quais se elabora uma Cavalaria inspirada em uma doutrina metafísica incontestável.

Isso supõe, enfim, que se aceite um deslocamento geográfico não menos considerável, uma vez que os Templários se implantaram nessas terras cortadas pelas correntes religiosas que desceram dos altos platôs da Mongólia cobertos pelos yourtes* e das montanhas da Armênia, que eram medidas, com o esquadro e o prumo na mão, por Gregório, o Iluminador...

Gregório, o Iluminador, o santo armênio que, impassível enquanto pedaços de cobre eram enfiados em seus calcanhares, respondia a seus perseguidores: "Eu invoquei o Grande Arquiteto do Céu e da Terra".

Não será uma surpresa, após essa narrativa de Moisés de Khoren,** a intenção de continuar, para além desta obra, a pesquisa iniciada a respeito da contribuição armênia e das tradições "nestorianas" – as da Ásia Menor e do Extremo Oriente – e mandeia.

---

* N. T.: Yourtes são tendas que possuem uma estrutura de madeira circular dobrável (como um guarda-chuva), que pode ser facilmente montada e desmontada. Essa estrutura é recoberta de feltro e fixada ao solo sem pinos.
** N. T.: Moisés de Khoren é considerado o autor da mais importante história medieval armênia.

Assim, apresentaremos esta obra começando por sua conclusão, como se fosse um "conto de trás para a frente".

As primeiras linhas de nosso estudo foram escritas quando, 660 anos antes, desaparecia a Ordem do Templo. Portanto 666 anos, em breve, número simbólico que separa duas datas extremas: a da dissolução de uma Cavalaria iniciática e a que coincide com o desmoronamento espiritual do Ocidente cristão. De fato, uma avalanche de comentários sobre o processo templário já encheu o vale dos "Mantos Brancos"... No entanto, se existe uma matéria cuja substância se torna incessantemente objeto de pesquisas inacabadas é realmente a do julgamento a ser dado sobre a culpa do Templo. Contudo, nosso propósito não é o de mais uma vez abrir o dossiê do "caso", exceto para livrar certas Ordens religiosas de uma responsabilidade que cabe a Clemente V e a Felipe, o Belo, e somente a eles.

Poderíamos resumir rapidamente assegurando que o problema templário se confunde com os "motivos" do processo e com suas consequências para o destino do Ocidente.

Essa definição lapidar não nos parece excessiva. Se deixarmos de lado as acusações de imoralidade levantadas contra os companheiros de Jacques de Molay – exageros habituais dos processos empreendidos por qualquer inquisição religiosa ou política –, constatamos que os motivos da condenação visam à existência de um esoterismo ou de uma gnose com, por corolário, a recusa em adorar a humanidade do Crucificado. E é aí que se encontra o essencial.

A condenação é portanto testemunho de uma mentalidade à qual se deve, em grande parte, o desenvolvimento racionalista e materialista do mundo moderno.

Quanto às justificativas – circunstâncias agravantes ou atenuantes caso se tome partido "contra" ou "a favor" do Templo –, elas dependem dos significados atribuídos às formas de agir da Ordem mártir. A realidade é então mais complexa do que geralmente se pensa.

Concluiremos pela heresia ou, ao contrário, pretextaremos uma retomada de elementos que pertencem ao esoterismo e às primeiras igrejas judaico-cristãs. Nesta última hipótese, não será conveniente descobrir em que condições, e por quem, se pôde exercer uma transmissão espiritual em benefício dos Cavaleiros Templários?

A implantação da Ordem na Terra Santa, no cruzamento de culturas e de religiões diversas, se reveste então de grande importância. No cadinho do Oriente Médio medieval se opera uma misteriosa alquimia alimentada pelas influências conjugadas do monofisismo armênio-copta, do nestorianismo iraniano-mongol e do islã xiita. O sangue dos homens e a luz das tradições veiculadas pela "língua siríaca" participam da grande obra da qual nascerá a Esfinge templária... antes que ela sucumba na fogueira de Paris.

Ao sabor dos contatos étnicos, um intercâmbio providencial se elabora então entre a Cavalaria franca e as cristandades do Oriente. Os concílios já se perdem no tempo e as definições dogmáticas só interessam, em primeiro lugar, aos teólogos pouco preocupados com o esoterismo. A massa humana do Oriente é a mesma em toda parte, e os homens de confissões diferentes são solidários ao menos em alguns pontos: a observância de Ritos herdados do cristianismo primitivo, a manutenção de concepções inerentes às perspectivas espirituais que, por sua exteriorização, degeneraram em "heresias"; enfim, o gosto pelo maravilhoso...

Nesse depósito original, descobrimos a verdadeira face da gnose e a "razão profunda" da rejeição da carne de corrupção, rejeição que é acompanhada de uma exaltação da cruz de glória.

A viagem à qual somos então convidados nos levará até as regiões da extrema Ásia. Seria necessário pensar, assim como Jean Palou, que "a antiquíssima sabedoria que chegou justamente ao lugar exato onde começam as vagas do imenso mar ocidental, através das estepes e dos altos platôs da Ásia central, nos trouxe com os esplendores da ilusão cósmica a mesma mensagem que nos foi dada sobre uma montanha, perto de Jerusalém, no mesmo momento em que se rasgava o véu do Templo"?[1] Deixaremos que o leitor julgue.

Durante o caminho, apreciaremos o papel representado pelo nestorianismo. Depois de passar por Karakoroum e pelo país Tangut – nome que de forma bastante curiosa encontramos associado aos "estandartes" do 32º grau, "Sublime Príncipe do Real Segredo", dos altos graus do Escocismo Antigo e Aceito, sob a ortografia T.E.N.G.U. e talvez associado ao "salgueiro" ao qual fazem alusão algumas letras desse grau –, iremos novamente ao encontro da Terra Santa e do povo monofisista da Armênia e da Abissínia. Do reino de um preste João ao outro só há uma margem: a das Cruzadas.

Povo mercurial, a etnia armênia servirá de canal entre o Leste e o Oeste. Aliada pelos casamentos à nobreza franca, e também dotada de uma Cavalaria valorosa e provida de uma renomada técnica de construção que se dissemina pelos países mediterrâneos, a Armênia realiza a osmose medieval entre o Oriente e o Ocidente.

---
1. *Nouvelles Histoires étranges*, Casterman, 1966.

É ela quem irá conduzir a estranha caravana da Palestina até a Ásia e irá oferecer sua realeza ao descendente da fada Melusina.* Talvez a face do mundo fosse outra se os cruzados francos tivessem sabido aproveitar a oportunidade oferecida ao Cristianismo pelo rei Hetum I, como bem observou René Grousset. Mas nada disso aconteceu, e o último verso de *Eritreia* permanece uma quimera de Gérard de Nerval: "A neve do Catai cai sobre o Atlântico."

Uma bela viagem, portanto. E há também Chipre: um centro de gravidade onde se encontram todas essas linhas de força espiritual. A ilha é rica de um passado lendário, ela transborda uma seiva esotérica. A Ordem do Templo irá estabelecer ali sua sede magistral. Desembarcaremos nessa ilha verde por causa de dois personagens de eminente estatura episcopal, João, o Esmoleiro, e João de Chipre.

Por quê? Porque ambos nos servirão de guias. O primeiro é o santo padroeiro inicial da Ordem soberana militar e hospitalar de São João, dita de Malta... e ao mesmo tempo padroeiro desses "Cavaleiros kaddosch" da Maçonaria Escocesa Antiga e Aceita, Cavaleiros de afirmação justamente templária.

O segundo preside ao nascimento da Ordem militar e hospitalar de São Lázaro de Jerusalém, Ordem primitivamente ligada ao povo armênio da Terra Santa. Ordem vestida de sinople, a cor da ilha de Vênus, e que mantém laços de amizade com o Templo. O cinturão se fecha ao evocar a Cavalaria de São Lázaro; esta de fato contará, alguns séculos mais tarde, com duas das principais figuras do "templarismo" maçônico: Michel Ramsay, cujo célebre discurso será pretexto para os graus templários da Maçonaria Escocesa, e Joseph de Maistre, de quem conhecemos a importância no comando dos Cavaleiros Benfeitores da Cidade Santa e dos Grande Votos do Regime Escocês Retificado.

Dois "templarismos", sem dúvida bem diferentes um do outro, mas ambos adquiriram o hábito de iniciar sua cronologia ou suas "datas", seja pela extinção do Templo, seja pela morte de seu Grão-Mestre em 1314... isto é, há 660 anos.

Assim está traçado o arcabouço de nossa pesquisa. Assim estão assinaladas as fontes de irrigação religiosa e iniciática.

---

* N. T.: Melusina é uma fada que faz parte das lendas da França medieval. Possui a cabeça e torso de uma bela jovem, asas de dragão e a metade inferior do corpo de uma serpente gigante. Na heráldica francesa e britânica, porém, Melusina é frequentemente representada como uma sereia de cauda dupla.
Lusignan, um cruzado que se tornou rei de Jerusalém e de Chipre no século XII, era tido como descendente da fada-serpente Melusina.

Neste pano de fundo médio-oriental, a cadeia é fatual, cor local, a trama é constitutiva de uma história sutil e secreta: a do esoterismo.

Esses esclarecimentos eram necessários porque cada capítulo deste livro fornece a ancoragem para as pesquisas específicas: São Lázaro, João de Chipre, a língua siríaca, etc.

Por outro lado, procuramos evitar a estreiteza das especializações e tentamos apreender, com um único olhar, a realidade viva dos séculos evocados da forma que ela pôde se manifestar "horizontalmente" no *continuum* religioso, cultural, social e militar.

Nós nos recusamos ao recorte "vertical" e arbitrário em setores de análises que se ignoram. A realidade nunca é apreendida pela soma de fragmentos, por mais detalhados que eles sejam, ela é um todo, um conjunto.

Os lugares, os homens, as formas arquiteturais e os cantos, os Ritos e as doutrinas, tudo se imbrica em um microcosmo histórico-geográfico. As estruturas orgânicas procedem disso; as iniciações ali tomam corpo e ali se "informam", no sentido latino do termo.

Mais algumas observações:

Nosso trabalho não tem a pretensão de ser exaustivo; ele se propõe a cercar os campos a serem explorados mais adiante e, para isso, a "ressuscitar as eras", segundo a fórmula de Michelet. Ele também não reivindica a qualidade de "História", com maiúscula, mas também não sucumbe à invenção e à ficção. Para falar como Diderot: a história não é contaminada pela ficção e a ficção não é contaminada pela história. Aqui, trata-se realmente de fatos, ainda que tivessem como bases as lendas locais; a obra se limita a senti-los em um suporte apropriado.

Para nós, a observação dos homens e de seus diversos pertences só tem valor na medida em que ela permite seguir o movimento e as orientações de uma sociedade tradicional típica, sociedade que, aliás, não poderíamos reduzir a um único modelo medieval ainda bem incompleto a esse respeito.

Nós nos perguntaremos, é bem verdade, se as observações consagradas a semelhante centro privilegiado e favorável à perpetuação do esoterismo, a algumas figuras marcantes do Cristianismo e das organizações iniciáticas, às aventuras de uma Ordem cavaleiresca que carrega em seus flancos, com um germe médio-oriental, toda uma descendência de maçons ilustres, às influências das narrativas que embalaram os sonhos da criança de Jerusalém e abriram as terras de glória aos Cavaleiros de Chipre e de Isfahan, se estas observações, portanto, oferecem um interesse qualquer para o "homem de desejo" de nossa época...

Gostaríamos de almejá-lo.

Mas definitivamente o que conta é a doutrina imutável, e apenas a doutrina. Pouco me importa o suporte efêmero e contingente da história e da geografia. Contudo, o suporte às vezes se reveste de um sentido simbólico e a partir de então ele não nos é mais indiferente, ele se enche de valor esotérico e de potencialidade doutrinal, ele consolida a doutrina e a transmite.

Para concluir, será que ousaríamos relatar esses termos de doutrina, tradição, iniciação, esoterismo sem evocar René Guénon? Claro que não, e seu nome retornará muitas vezes no decorrer destas páginas.

Veremos que os temas desenvolvidos vêm confirmar ou corroborar a afirmação dos princípios e das ideias expressas por René Guénon ao longo de sua obra.

Aliás, essa era nossa intenção ao reunir estas notas esparsas.

J. T.
1972-1974

Capítulo I

Uma Esquecida: A Ordem Militar e Hospitalária de São Lázaro de Jerusalém

> *E na guerra e na paz, e na terra*
> *e no mar Atavis et Armis*
> *(divisas da Ordem Militar e Hospitalária de São Lázaro de Jerusalém).*

René Guénon, quando refletia sobre o papel das ordens cavaleirescas ocidentais nos contatos entre as organizações iniciáticas do Oriente e do Ocidente, ou quando estudava os possíveis parentescos ou filiações entre maçons e Cavaleiros, dava especial importância à Ordem do Templo e às da Merci ou do Tosão de Ouro. E é evidente que não era sua intenção fazer o balanço histórico de cada ordem cavaleiresca.

Por esta razão nos é permitido continuar a análise empreendida a respeito da Cavalaria da Terra Santa, tomando um caso particular: o da Ordem Militar e Hospitalária de São Lázaro de Jerusalém.

Por que isolamos esta Ordem entre outras? Justamente porque René Guénon não falou sobre ela e porque esta Ordem poderia oferecer um meio de verificações dos vínculos que unem:

• as Cavalarias medievais e os Templários;

• as Cavalarias medievais e o Oriente cristão, início de um futuro estudo sobre o enigma templário;

• as Cavalarias medievais e os graus cavaleirescos da Maçonaria, uma vez que a Ordem que escolhemos contou entre os seus – direta ou indiretamente – dois grandes maçons cujos nomes estão ligados ao Escocismo cavaleiresco, Antigo e Aceito, ou Retificado: Ramsay e Joseph de Maistre.

Ou seja, a Ordem de São Lázaro irá nos permitir, por um lado, apreciar o valor das inúmeras ideias que emanam da leitura de Guénon, e, por outro lado, encaminhar nossos trabalhos para a pesquisa sobre as conexões existentes entre Templários e Orientais, evidenciando posteriormente os tipos de comunidades tradicionais que, por parte do Oriente, tiveram uma indiscutível influência doutrinal sobre os Templários.

Já que a ocasião nos é dada, e sem cair de forma alguma no preconceito "historicista", é claro que aqui usaremos fartamente as fontes históricas que só podem fortalecer a objetividade deste trabalho.

✠

Enumeramos cinco grandes Ordens de Cavalaria monástica enraizadas na Terra Santa:
• a Ordem dos Hospitalários de São João, dita de Malta, ou Ordem de São João de Jerusalém;
• a Ordem da Milícia de Cristo, dita Ordem do Templo;
• a Ordem de Santa Maria dos Teutônicos;
• a Ordem de São Lázaro de Jerusalém;
• a Ordem do Santo Sepulcro.

As "cores" que figuram nos mantos – e que são para a Cavalaria o que o avental é para a Maçonaria, e o escapulário para o Monaquismo – podem ser resumidas da seguinte maneira:

Preto e Branco – Vermelho e Branco – Preto e Verde. As cruzes dos mantos são:
• preta para os Teutônicos (cor da cruz dos Cavaleiros dos mais altos graus do Escocismo Antigo e Aceito);
• branca para Malta;
• vermelha para o Templo e o Santo Sepulcro;
• verde para São Lázaro.

Encontramos aqui essa combinação verde, branco, vermelho, que corresponde às três virtudes teologais e ao Escocismo em geral.

Lembremo-nos rapidamente de que o Templo – a Ordem dos "Pobres Cavaleiros de Cristo" – foi fundado em 1118. A Ordem canonical do Santo Sepulcro remonta a 1099 e foi unida em 1489 à de São João, sendo que seus cônegos deixaram a nomeação do título aos Cavaleiros armados do Santo Sepulcro; privilégio que foi reservado em 1496 ao Custódio da Terra Santa e transferido, no início do século XIX, ao patriarca latino de Jerusalém; aliás, essa iniciativa permitiu a reunião dos Cavaleiros em uma "Ordem equestre do Santo Sepulcro" (Breve de Pio IX, em 24 de janeiro de 1869) bem conhecida atualmente.

Mas apenas as Ordens de Malta e de São Lázaro podem reivindicar uma origem anterior às Cruzadas. De fato, os Hospitalários de São João já existiam antes de 870; o Hospital de São João foi restaurado pelos mercadores da cidade italiana de Amalfi e, com o hospital de "Santa Maria Latina", fazia parte dos serviços de caridade prestados aos "latinos", ao que parece, pelos beneditinos. Gérard Tenque, de Martigues, transformou-o em uma ordem hospitalar e seu sucessor, Raymond du Puy, lhe deu uma vocação militar.[2]

Quanto à de São Lázaro, às vezes ela foi considerada, erroneamente, como um braço da Ordem de São João. A confusão deve-se ao fato de que Godofredo de Bouillon reagrupou sob a direção de Gérard Tenque a administração hospitalar da Terra Santa, mas, se este último é o Grão-Mestre da Ordem de São João, não é o de São Lázaro, e de forma alguma é o seu fundador. Isto é ainda mais evidente porque, segundo a fórmula empregada em 1672 por Luís XIV, a Ordem de São Lázaro é a "mais antiga ordem da Cristandade". E é isso o que leva a refletir.

O fato é que, justamente, a primeira singularidade da Ordem – pois existem outras – vem de sua antiguidade, não apenas cristã, mas até mesmo pré-cristã. O armorial manuscrito da Ordem, redigido em 1775, pelo cavaleiro Dorat de Chameulles, e que se encontra no setor de manuscritos da Biblioteca Nacional de Paris,[3] lhe confere como primeiro Grão-Mestre: "Jean Horcan", descendente, segundo alguns, da raça dos macabeus, e "João de Chipre".

Em suma, os dois primeiros instituidores desse hospital dos leprosos seriam então: o príncipe dos sacerdotes de Jerusalém, em 125 antes da Era Cristã, e o mestre dos irmãos de São Lázaro em Chipre (ilha onde, aliás, segundo a tradição, morreu São Lázaro do Evangelho), o arcebispo João, em 648. Essa ascendência pré-cristã parece confirmada em uma inscrição de Jerusalém que data de 1151, e redigida da seguinte maneira: "Fora dos muros de Jerusalém, entre a Torre de Tancredo e o porto Saint-Étienne, o Hospital dos Leprosos, que dizem ter sido

---

2. Buscamos de forma bastante abundante nossa documentação na obra de Paul Bertrand de la Grassière, Grão-Capitular da Ordem de São Lázaro, *L'Ordre militaire et hospitalier de Saint-Lazare-de-Jérusalem*, prefácio do duque de Brissac, Ed. Peyronnet & Cº, e em seu estudo, publicado na *L'Information universitaire et culturelle*, nº 1, 3º ano, 1971, e intitulada "Un précurseur à Grenelle: l'Ordre de Saint-Lazare-de-Jérusalem".
3. Fundos franceses 23 130 – Biblioteca Nacional.

instituído por João Hircano, príncipe dos judeus, com o dinheiro que ele tinha retirado do túmulo de David..."

Em suma, segundo as cartas do duque Jean da Normandia de 25 de junho de 1343 – o futuro rei João, o Bom –, a Ordem remontaria ao imperador Vespasiano. Enfim, em 1656, o papa Paulo V, em sua bula do quatro das nonas de maio, esclarece que a Ordem de São Lázaro "tornou-se ilustre e se multiplicou em toda a terra desde o tempo de São Basílio, o Grande; Damásio I; Juliano; o Apóstata, e Valentiniano imperador". O que definitivamente nos conduz ao século IV.

Um ponto que permanece incontestável, além da antiguidade, é o vínculo da Ordem com o Oriente cristão, e mais especialmente com os armênios. Essa tese foi considerada por Paul Bertrand de la Grassière, que no ano 370 escreveu que alguns monges armênios, sob a conduta de São Basílio, cuidavam dos leprosos de Jerusalém e estão na origem da Ordem Militar e Hospitalária de São Lázaro. Aliás, a Ordem manterá um forte vínculo com os orientais, como veremos mais adiante, quer se trate dos melquitas, dos armênios gregorianos ou católicos, dos coptas ou dos ortodoxos. E é realmente a única ordem militar e hospitalar que teve dessa forma, desde sua fundação e ao longo de sua existência, uma vocação ecumênica universal.

O leprosário de São Basílio, o Grande, no território de Saint Étienne, entre a porta do mesmo nome e a poterna de São Lazaro, tomou em todo caso esse patronímico e dessa maneira faz parte da lista dos *Casis Dei* enviada, por volta do ano 800, a Carlos Magno. A instituição fazia oficialmente parte da Igreja do Oriente e se colocava sob a proteção do patriarca grego melquita de Jerusalém. Por ocasião da partida do patriarca da cidade Santa e da chegada dos Cruzados, o mestre de São Lázaro tornou-se, junto com o bispo sírio, um dos dois eleitores do arcebispo armênio de Jerusalém, ele próprio chefe espiritual da Igreja do Oriente, no reino da Terra Santa.

Uma segunda singularidade, bastante digna de interesse, reside no estreito contato que existia entre a Ordem Militar e Hospitalária de São Lázaro e a Ordem do Templo. No mais, a regra do Templo ordenava que os Templários atingidos pela lepra fossem conduzidos a São Lázaro e recebessem o hábito da Ordem São Lázaro, que aliás contava com uma equipe de assistentes formada por leprosos orientais, Templários submetidos a seus votos religiosos e à sua regra, cruzados e vassalos fiéis, às vezes casados. Em 1240, o Grão-Mestre do Templo doou à Ordem de São Lázaro um terreno em São João de Acre. A Ordem de São Lázaro, que se tornou militar, participa então de todas as batalhas, e São João de

Acre acaba se tornando a capital do Reino. Podemos vê-la em Gaza em 1244, em Mansourah em 1250, ao lado de São Luís na Síria. Potência territorial e feudal, ela dispõe de possessões não apenas em São João de Acre, mas em Peine Perdue, entre a Cesárea e o castelo Pelegrino. Gautier de Sibert, o historiógrafo da Ordem,[4] esclarece que em 1254, quando São Luís partiu de São João de Acre, com o Grão-Mestre de São Lázaro, deixou nessa cidade apenas um reduzido número de Cavaleiros para assim conservar seus direitos à suserania de corte e de jurisdição, e dessa forma contribuir até o final para a defesa das cidades costeiras cristãs.

Nós também observamos, na importante obra de Paul Lacroix sobre *La vie militaire et religieuse au Moyen Âge et à l'époque de la Renaissance*,[5] alguns fatos curiosos em relação à vida da Ordem de São Lázaro. Dessa forma, esta última recebeu um eficaz apoio de Ricardo Coração de Leão. A admiração que os Cavaleiros de São Lázaro estabelecidos em Jerusalém, Acre, Jericó e Betânia suscitaram em Saladino acabou lhes valendo o direito de permanecerem na Cidade Santa por mais um ano após a queda de Jerusalém. O autor acrescenta: "Essa ordem não foi menos favorecida pelo imperador Frederico II que, em suas disputas com Roma, tendo reconhecido o seu espírito pacífico, conciliador e caridoso, a recompensou amplamente". Ele também esclarece que o amigo de Frederico II, André II, rei da Hungria – pai de Santa Isabel da Hungria – tinha se juntado à sua filha e ao seu genro, Luís VI Landgrave de Turíngia, para multiplicar na Alemanha as casas da Ordem que recebiam "os viajantes e os pobres transeuntes". Comendadorias da mesma Ordem teriam prestado seus serviços em Saxe, na Polônia, nas margens do Elba, do Danúbio e do Main, mas em todos os lugares em que se estabeleciam, elas reconheciam a autoridade do Grão-Mestre de São Lázaro, que residia em Boigny, na França, e a soberania do rei da França.

É verdade que assim que chegou à França, São Luís honrou com presentes os Cavaleiros de São Lázaro e lhes cedeu a propriedade da cidade e do porto de Aigue-Mortes, confirmando suas imunidades e a possessão da baronia de Boigny, com todos os direitos de justiça que lhes tinham sido dados pela carta de 1254 de Luís VII, bem como um castelo no *faubourg* Saint-Denis. Também lhes outorgou bens e casas

---
4. Guatier de Sibert, *Histoire des ordres royaux hospitaliers militaires de Notre-Dame du Mont-Carmel et de Saint-Lazare-de-Jérusalem* (obra publicada em 1772 pela Imprensa Real – n. da ed: reimpressa por Slatkine, Genebra, 1983).
5. Firmin Didot, 1873.

em Paris, e outorgou, para si e seus sucessores, o título de conservador e de patrono de toda a Ordem de São Lázaro.

Foi em 1253 que surgiu na Europa a eleição do Grão-Mestre, como relata a bula de Paulo V, de 1565: "Inocente IV, depois de ter deplorado a morte do Grão-Mestre e da maioria dos Cavaleiros da Ordem de São Lázaro de Jerusalém, martirizados pelos inimigos da fé, permitiu àqueles que estavam na Europa de ali eleger o Grão-Mestre, ainda que o costume fosse de realizar esta eleição na casa de Jerusalém".

Desde 1248, em seu embarque em Aigues-Mortes, São Luís tinha levado com ele certo número de Cavaleiros estabelecidos em Boigny, ao passo que outros se encontraram com ele em Chipre e no Egito. Existe uma menção a respeito da presença da Ordem na *Historia Anglorum*, do monge Mathieu Paris, que sobre a capitulação dos cruzados em 6 de abril de 1250 faz a seguinte observação: "Todo o exército cristão da Terra Santa, compreendendo o exército do rei da França e vários ingleses, os Templários, os Hospitalários, os Teutônicos e os Irmãos de São Lázaro, sucumbiu, esmagado, vencido, e os inimigos da Cruz triunfaram..." Por outro lado, o senhor de Joinville, cronista de São Luís, relata que o Grão-Mestre e os Cavaleiros de São Lázaro participaram, depois de Damiette, das expedições do rei à Terra Santa. Além do mais, foi o rei que forneceu ao Mestre de São Lázaro um reforço em Cavaleiros do Templo e de São João para vingar uma tropa de São Lázaro destruída.

Na Europa, a Ordem iria conhecer outras aventuras, também ricas em "singularidades" que caracterizam essa Cavalaria amiga do Templo. Na Inglaterra, os Irmãos da Ordem se instalaram em Burton, perto de Melton Mowbray, no Leceistershire, criando o Hospital Burton-São Lázaro, graças às generosidades de Roger de Mowbray. Esse ramo inglês permaneceu vinculado ao Grão-Mestrado de Boigny até o confisco dos bens das ordens e congregações por Henrique VIII.

A Sicília recebeu um estabelecimento de São Lázaro fora das muralhas de Cápua; a Normandia, uma comendadoria em Saint-Antoine-de-Grattemont; e Bresse, uma em Aigrefeuilles. O duque de Aquitânia constituiu outra em Saint-Thomas de Fontenay-le-Comte.

Mas na França logo surgiriam algumas dificuldades nas relações da Ordem com Roma, com a Ordem de São João, dita de Malta, depois com o ramo savoiardo de São Lázaro; e elas têm sua importância na perspectiva de nosso estudo. Observemos que em contrapartida São Lázaro se beneficiará de um apoio real constante, o apoio muito hábil de Henrique IV, e o apoio extraordinário de Luís XIV.

Eis que em 1459, uma bula do papa Pio II declarava a união dos bens de São Lázaro e dos do Santo Sepulcro e do Santo Espírito, em uma nova milícia: "Nossa Senhora de Belém". Em 1489, a transferência desses bens era atribuída a Malta. Na Sicília, pelo contrário, a Ordem permanecia independente, sob a tutela do "Mestre Geral da Ordem de São Lázaro de Jerusalém, no reino da Sicília e em todos os outros lugares". Essa medida levava a crer que o ramo original de Boigny dependia... da Sicília, estabelecendo assim uma espécie de inversão das filiações e hierarquias tradicionais.

A reação não foi aquela que se esperava em Roma. A Ordem reunida em torno do Grão-Mestre, em Boigny, não deu nenhuma atenção à bula de 1489 e sua firmeza inaugurava um período de luta com a Ordem de Malta – herdeira, como é bom lembrar, dos bens materiais do Templo após a perseguição e a dissolução deste. Por isso, em 1544, Malta tentou se apoderar de uma das comendadorias de São Lázaro, mas o incidente felizmente terminou com um acordo, e São Lázaro aceitou a escolha de seu Grão-Mestre entre os dignitários de Malta, e esta, por sua vez, considerava o Grão-Mestrado de São Lázaro como uma de suas funções.

De fato, apesar dessas rivalidades, decorrentes da hostilidade mais ou menos declarada entre Roma e Malta, os Cavaleiros de São Lázaro conseguiram que as tradições de sua Ordem fossem respeitadas e manter sua independência. Esta atitude deveria ter como consequência reforçar sua "liberdade" de expressão, que além do mais era autenticamente cristã, e conduzi-los à prática de um ecumenismo de vanguarda, que outras Ordens de Cavalaria não conheceram, mas que lhes tinha sido atribuído espiritualmente nas pias batismais do Oriente cristão.

Citemos novamente Paul Lacroix:

"Apesar das horríveis vicissitudes às quais a Europa e a Ásia estiveram entregues durante dois séculos, a Ordem de São Lázaro, tanto no Oriente quanto no Ocidente, jamais perdeu seu caráter essencialmente hospitalar, a despeito dos embaraços que lhe suscitavam a rivalidade de São João de Jerusalém, e não obstante as preferências confessas que a Corte de Roma testemunhava a esta última, pois os soberanos Pontífices, que jamais haviam abandonado a esperança de reconquistar a Terra Santa, viam com pesar os Lazaristas renunciarem completamente a seu papel militar para se consagrarem exclusivamente ao cuidado dos pobres, dos doentes e dos peregrinos viajantes.

Contudo, os Lazaristas deviam à sua missão puramente caridosa, a segurança, o protetorado e os privilégios de que desfrutavam em toda parte. O Grão-Mestrado de Boigny, que permaneceu em pé *em meio às ruínas da Ordem do Templo*,[6] se conduziu com uma enorme prudência: as assembleias sempre aconteceram ali sem estardalhaço, mas com tanta exatidão quanto lhe permitiam as circunstâncias; a natureza de suas decisões, a escolha dos assuntos nomeados nas comendadorias, a administração geral dos bens dos pobres não deixaram espaço para as críticas e a maledicência..."[7]

E eis realmente uma singularidade observada, quiçá sem se dar conta, pelo autor já citado, ainda que coloque lado a lado São Lázaro e o Templo. Talvez pudesse ser observado ali certo parentesco espiritual entre Templários e Cavaleiros de São Lázaro, mas deixaremos de lado qualquer interpretação imaginativa para nos atermos aos fatos históricos.

Ora, entre estes últimos é preciso citar o que foi chamado "o caso savoiardo". De fato, de Boigny dependiam as comendadorias estabelecidas em outros países e o priorado de Cápua na Sicília. Vimos que seu prior afirmara sua autonomia proclamando-se mestre geral no reino da Sicília, para aquém e para além de Phare, constituindo desse modo uma ordem separada, da qual surgiu em 1572 "A Ordem de São Maurício e de São Lázaro" colocada sob o Grão-Mestrado hereditário dos duques de Savoia, que se tornaram reis da Itália. Aliás, esta Ordem ainda existe. Com o apoio de Roma, o duque de Savoia, Emmanuel Philibert, pensou em obter o Grão-Mestrado de São Lázaro e reunir todos os ramos e todos os bens da Ordem.

Na realidade, Gregório XIII, ao confiar o Grão-Mestrado de São Lázaro ao duque de Savoia em setembro de 1572, reunia efetivamente as duas Ordens sob o Grão-Mestrado savoiardo e sob o nome de "São Maurício e São Lázaro" consagrada pela bula *Pro Commissa*, de 13 de novembro de 1572.

Mas desta vez foi a oposição conjugada dos Cavaleiros de São Lázaro e dos de Malta que fez o projeto fracassar! Os Cavaleiros de São Lázaro, ao elegerem seu Grão-Mestre na Assembleia Geral em Boigny, em 19 de maio de 1578, feriado de pentecostes, o reconheceram como "Chefe da Ordem, Governador Administrador e Mestre Geral dos hospitais e leprosários da Ordem de São Lázaro de Jerusalém, Belém, Nazaré, tanto aquém quanto além-mar, tanto espiritual quanto temporal".

---

6. Itálico nosso.
7. Obra citada.

Eles se opunham às pretensões do duque de Savoia, pois seguir as diretivas savoiardas "significaria desmembrar a coroa da mais antiga Ordem de Cavalaria da cristandade"... Como escreve Paul Bertrand de la Grassière: "Apesar da bula papal, apesar dos breves reais, as pretensões do duque de Savoia encontraram um obstáculo intransponível: a sobrevivência da Ordem, a vontade de seus Cavaleiros de permanecerem fiéis à sua obediência, e recusarem qualquer outra".[8] O fato é que a Ordem de São Maurício, "lazarista" em sua linhagem, mas savoiarda em seu destino, ainda que não tenha conseguido atingir seus objetivos, subsistiu paralelamente à Ordem de São Lázaro propriamente dita.

Foi o bom rei Henrique IV que soube destrinchar as relações entre o papado e São Lázaro, por meio de uma astúcia realmente digna do hábil bearnês.

Henrique IV teve de fato a ideia de criar, em concordância com Roma, uma Ordem de Cavalaria: "Nossa Senhora do Monte Carmel", instituída pela bula *Militarum Ordinum Institutio* de fevereiro de 1609. O filho do duque de Vendôme criou uma Cavalaria de estrita obediência romana, mas colocou ao mesmo tempo São Lázaro de Jerusalém e Nossa Senhora do Monte Carmel sob um Grão-Mestrado comum, o do duque de Nerestang; ele decidiu que os Cavaleiros de São Lázaro se tornavam *ipso facto* Cavaleiros de Nossa Senhora do Monte Carmel e reciprocamente. Essa "osmose" equivalia na prática a um reconhecimento tácito da Ordem de São Lázaro por Roma.

A sobrevivência da Ordem a partir de então está atestada pelas cartas de Luís XIII, de 26 de outubro de 1612, que declaram: "Nosso caro e bem-amado senhor de Nerestang, Cavaleiro de nossa Ordem, Grão-Mestre da Ordem de São Lázaro de Jerusalém, Nazaré e Belém, aquém e além-mar, bailiado e comendadoria de Boigny, sede geral da dita Ordem..."

Os Cavaleiros dessa Ordem com dupla denominação eram então curiosamente Cavaleiros da Igreja por sua "face" Nossa Senhora do Monte Carmel e Cavaleiros laicos por sua "face" São Lázaro de Jerusalém. A iniciativa de Henrique IV deveria se revelar benéfica para a regularização da Ordem uma vez que em 1668, a bula *Apostolica Legationis* do cardeal-legado de Clemente IX, na França, permitiu aos Cavaleiros de São Lázaro invocar em seu proveito a bula *Sicut bonus agricola*, dirigida anteriormente apenas ao Grão-Mestre da Sicília.

---

8. Obra citada, cf. também Eugène Vignat, *Les Lépreux et les chevaliers de Saint-Lazare-de-Jérusalem et du Mont Carmel*, 1884, P. Toussaint de Saint-Luc, *L'Ordre de Saint-Lazare*, Paris, 1666.

Quanto à Ordem do Monte Carmel, ela acabaria sendo identificada à recompensa destinada aos alunos da Escola Real Militar de Paris, mesmo que estes tivessem a possibilidade de aceder, por feitos de guerra, à Cavalaria de São Lázaro. A Ordem de Nossa Senhora do Monte Carmel iria assim se extinguir com o desaparecimento da Escola Real ainda que a Ordem de São Lázaro permanecesse bem viva.

A esta altura já deixamos para trás o século de Luís XIV, mas voltemos por um instante para assinalar outra "singularidade" da Ordem, ligada desta vez ao edito de 1672 do Rei Sol. Este lembrava de fato que São Lázaro era a mais antiga Ordem de Cavalaria da cristandade e que o Grão-Mestre, os comendadores e os Cavaleiros podiam ser casados. Mas – e o fato é repleto de significação – o rei declarava, além de conceder e de abrir para a Ordem de São Lázaro, "a administração e gozo perpétuo e irrevogável de todas as casas, direitos, bens e rendas daqui por diante possuídas por todas as outras Ordens hospitalárias, militares, seculares ou regulares, extintas, suprimidas e abolidas de fato ou de direito em nosso reino e em terras de nossa obediência,[9] especialmente as Ordens do Santo Espírito, de Montpellier, de Saint-Jacques da Espada e de Lucas, do Santo Sepulcro, de Santa Cristina, de Somport, de Nossa Senhora dos Teutônicos, de São Luís de Boucheraumont, Ordens que nós declaramos, enquanto necessidade há ou houver, extintas e abolidas".[10]

Louvois tornou-se o Grão-Mestre da Ordem que contava com 140 comendadorias e cinco priorados na Borgonha, Normandia, Languedoc, Bretanha e Flandres, mas o marquês de Dangeau quando era o Grão-Mestre expandira seu recrutamento para a Espanha, Nápoles, Toscana, Mântua, Saxe, Polônia, Dinamarca, Suécia, Peru e Líbano.

---

9. Passagens com destaque nosso.
10. Em relação aos teutônicos, sabemos que houve relações estreitas entre teutônicos e Templários após o desaparecimento da Milícia do Templo. É possível que a Ordem Teutônica tenha servido de veículo a uma transmissão templária do século XIV ao XVIII, uma vez que os Templários tinham se refugiado nessa Ordem na Alemanha logo após o processo do Templo. O vínculo entre Templários e Teutônicos não escapou a R. Guénon que acreditava que "deveria existir certa relação entre a Ordem do Templo e a dos Cavaleiros teutônicos" e que "houve um motivo para elas terem sido fundadas quase simultaneamente, a primeira em 1118 e a segunda em 1129". Aliás, em uma nota do capítulo VI do *Rei du Monde*, René Guénon esclarecia a respeito da interpretação dada por Aroux ao "L'Atri" (*Inferno IX, 9*), que se tratava de uma senha das organizações oriundas do Templo: *Arrigo lucemburghese teutonico romano imperator*, e que a palavra *Tal* (*Inferno* VIII 130 e IX. 8) significava "*Teutonico Arrigho lucemburghese*". Retomando o edito de 1672, não havia também entre as "Ordens dissolvidas do Reino" também a do Templo?

Observaremos que o reinado de Luís XIV realmente poderia ter conduzido a Cavalaria de São Lázaro a se converter em Ordem real, de vocação nobiliária e militar. Esse era o objetivo do monarca. Em seu comentário sobre São Lázaro e o Monte Carmel, o livreto consagrado ao culto de São Luís no século XVII intitulado "A Ordem Militar e a Casa Real de Saint-Cyr",[11] ele de fato avalia que, em 1672, "Louvois conseguiu fazer de São Lázaro a grande decoração militar do reino, e sua faixa verde, depois amaranto, tornou-se por um momento, cor de fogo. Mas com a morte de seu ministro, Luís XIV, ao criar, com um espírito bem diferente, a Ordem de São Luís, restituiu àquela de Henrique IV seu caráter original que a transformava em uma espécie de rival de Malta".

✠

Deixaremos de lado os sucessivos Grão-Mestrados, principalmente o do duque de Chartres, este era filho do duque de Orléans, que em 1720 foi regente durante a minoridade de Luís da França, então duque de Berry e neto de Luís XV, e o do conde de Provence, de 1772 a 1814, e ainda assim, e por essa razão, chegamos à época do florescimento das Maçonarias obedienciais, e alguns desses nomes são familiares aos maçons...

Da mesma forma, não daremos continuidade ao estudo da história da Ordem até nossos dias, o que aumentaria inutilmente uma exposição já bastante densa; nós nos limitaremos a assinalar que a Ordem sobreviveu, pois sua "influência espiritual", se assim podemos dizer, era exercida pelos patriarcas orientais de Jerusalém, ao passo que a Ordem tinha apenas uma vida vegetativa. De fato, ela deveria retomar seu desenvolvimento graças à persistência de três características principais:

• a proteção em 1838 do patriarcado melquita, sucessor dos patriarcados orientais protetores da Ordem em seus primórdios;
• a consciência daquilo que, intrinsecamente, constitui "o estado" de Cavalaria = a "casta", e se distingue da "nobreza" = a "classe social", e lhe valeu manter um recrutamento entre os não nobres, pois não exigia títulos nobiliários para os Cavaleiros da Graça;[12]

---

11. Livreto editado pelo museu da Legião de Honra (novembro 1970-janeiro 1971).
12. M. Paul Bertrand de la Grassière, em sua obra já citada, escreve: "A Ordem de São Lázaro, que não era uma Ordem da coroa, mas uma antiga potência feudal quase soberana, tinha ou pretendera ter o direito real de conferir a Cavalaria àquele que por ela fosse julgado digno".

• o ecumenismo de seu recrutamento, por causa do seu aspecto laico, que lhe permitiu se estender para além das fronteiras espirituais do Catolicismo romano, principalmente entre os cristãos ortodoxos, coptas, armênios anglicanos e protestantes, e conceder seus favores a alguns representantes eminentes de confissões não cristãs.

A evocação desse período, que se inicia em 1723, vem muito convenientemente nos oferecer a ocasião de retomar o fio de nosso estudo que trata das relações entre a Cavalaria e a Maçonaria. Para encadear com a sequência de nossa pesquisa, começaremos pelo período mais recente, antes de remontar à época que marca os inícios dos altos graus maçônicos.

É assim que, por volta do final do século XVIII, enquanto a Ordem decola nas terras eslavas que abrigarão uma Maçonaria de altíssima qualidade espiritual e cristã, nós a vemos recrutar certo número de membros do Sagrado Conselho da Ordem de Malta na Rússia e alguns ministros e grande oficiais da coroa imperial.

A Ordem de São Lázaro compreende então:

• o príncipe Gagarine, aparentado da família Panine, Grão-Hospitalário de Malta... mas também maçom muito influente, colaborador próximo do Grão-Mestre Provincial Yélaguine e que, por esta razão, realiza importantes missões junto às Obediências maçônicas estrangeiras;

• O Grão-Senescal de Narychkine, mestre de cerimônias na corte imperial e que foi membro da Loja "Les Amis Réunis" presidida pelo grão-duque Constantino, filho do czar Paulo I – de fato quase todos os Gagarines e os Narychkine foram maçons;

• O lugar-tenente do Grão-Magistério de Malta, Nicolas Soltykoff, que também parece ter sido maçom.

Entre os Cavaleiros de São Lázaro, ministros e grandes oficiais da Coroa é preciso citar:

• o conde Nikita Panine, preceptor de Paulo I, maçom zeloso; sabemos que a versão segundo a qual Paulo I teria recebido a iniciação maçônica se baseia em grande parte no vínculo bastante conhecido de Panine com a Maçonaria;

• O grão-duque Constantino, membro das Lojas "Les Amis Réunis" e "Alexandre à la Fidélité Militaire" e que também frequentou a ilustre Loja "Astrée", cuja lembrança viva se perpetuou na Maçonaria escocesa da imigração russa;

• O grão-duque Alexandre I Pavlovic, que, em 1814, teria presidido a Loja "Alexandre à la Fidélité Militaire", e teria secretamente pertencido ao Grande Oriente da Polônia.

Também sabemos que o grão-duque frequentou entre 1815 e 1818 a Loja "Les Trois Vertus", e que assistiu, em 11 de dezembro de 1820, ao jantar oferecido em sua honra pela Loja "Point Euxin".[13]

É preciso acrescentar a esta lista o barão Fersen, segundo capitão dos hussardos de Grodno e membro da Loja dos "Trois Matreaux", depois príncipe de Souvarov, membro da Loja "aux Trois Étoiles" onde recebeu a mastria e foi promovido Mestre Escocês (5º Grau) na Loja "Zû den drei Kronen". Deixemos a Rússia e vamos agora para a Suécia, essa terra de eleição de uma Maçonaria joanina e templária herdeira da "Estrita Observância" e, consequentemente, "prima" da Maçonaria Retificada Germano-Latina.

Destacamos entre os membros de São Lázaro de Jerusalém:
• Frederico Adolfo da Suécia, duque de Ostothland, terceiro filho de Adolfo Frederico, membro dos altos graus suecos e que foi recebido em Turim na "Estrita Observância Templária". Foi também Venerável Mestre da Loja Militar de Estocolmo. O rei Adolfo Frederico também foi Venerável Mestre de uma Loja de Estocolmo e recebeu o título de protetor da Maçonaria sueca;
• Gustavo IV, filho de Gustavo III, rei da Suécia morto no exílio em Saint-Gall, em 1837, sobrinho do duque Charles de Sudermanland, cujas atividades na aurora da Maçonaria templária são conhecidas. Gustavo IV era desde 1793 – ou seja, 15 anos antes de sua recepção na Ordem de São Lázaro – protetor, por conta de seu tio, da Maçonaria Sueca. Voltemos agora para as terras latinas.

Aqui encontramos, entre muitos outros, Timoléon de Cossé-Brissac que, ao defender seu rei, morreu como mártir em 1792; ele pertencia tanto à Ordem de São Lázaro quanto às Lojas do Reino; Phélypeaux de Saint-Florentin, duque da Vrillière, administrador da Ordem de São Lázaro e membro da Maçonaria com Montesquieu. Nessa Maçonaria do século XVIII encontramos ainda grandes nomes relacionados aos de São Lázaro: Drumund de Melfor, membro da Loja "La Société Olympique" em 1786; Clermont Gallerande, membro da Loja "La Candeur"; o barão de Durfort, Clermont-Tonerre, Luxemburgo... e não encontramos também no comando de São Lázaro um conde da Provence, futuro Luís XVIII, Grão-Mestre da Ordem em 1773 e maçom?

Para nós, no entanto, dois nomes emergem de um lote que mereceria uma boa triagem nas listas de maçons feitas por Le Bihan, Groussier

---

13. Agradecemos a M. S. Theakston por suas informações sobre os maçons russos, informações que foram utilizadas acima.

e Tatiana Bakounine[14] e tantos outros. Dois nomes que em vários níveis, e às vezes opostos, irão "deixar" sua marca no "Escocismo templário" em geral, portanto no Regime Escocês Retificado do século XIX que procede da Maçonaria templária do século XVIII, bem como no Rito Escocês Antigo e Aceito, nascido no início do século XIX sob a forma dos "Trinta e três graus".

Estes dois nomes são:
• o de Joseph de Maistre (para o Rito Retificado);
• o do Cavaleiro Ramsay (para o Escocismo em geral).

Cada um deles oferece um assunto específico de análise, diretamente ligado aos aspectos iniciáticos da Cavalaria e aos estudos de René Guénon sobre os Graus Cavaleirescos da Maçonaria e sobre o Templarismo.

Eles constituem um elo da cadeia que nos une, pelo menos pela curiosidade intelectual e pelo tema de estudo, à Ordem templária da Terra Santa e aos seus mistérios de doutrina e de filiação.

---

14. Tatiana Bakounine, *Le Répertoire biographique des Francs-Maçons russes*, Éditions Pétropolis, Bruxelles, 1940. Arthur Groussier, *Principaux personnages ayant appartenu au Grand-Orient de France*. Alain de Bihan, *Francs-maçons parisiens du Grand-Orient de France*, tese de doutorado de Estado, 1966, Biblioteca Nacional. Na Ordem de Malta também são encontrados maçons como Henri de Cuviller, oficial da infantaria no regimento de Languedoc; Andre Pomme, capelão conventual de Malta. Enfim, os dois grão-prior de Malta, o príncipe de Bourbon Conti e o duque de Berry, eram maçons. Ver também Alfred de Vigny, *Le Louveteau*, de M.J.-P. Lassalle, professor da universidade de Toulouse-Le-Mirail; Anais da Universidade (Literatura), Tomo VIII, 1972.

Armas da Ordem da antiga Ordem Militar e Hospitalária de São Lázaro de Jerusalém. Gravura do século XVI reproduz as regras, estatutos e costumes da Ordem (Paris, 1923, Office central de Saint-Lazare de Jérusalem).

Anexos do capítulo I

Anexo 1:

A Ordem de São Lázaro e a Arte Heráldica

✠ Trechos do *Novo Método resumido do Brasão ou a Arte heráldica*, do Padre Menestrier (Lyon, 1780):

... A ordem de São Lázaro é uma ordem militar que foi instituída em Jerusalém pelos cristãos do Ocidente, quando se tornaram senhores da Terra Santa. As funções dessa Ordem eram cuidar dos peregrinos, e em sua jornada, protegê-los e defendê-los dos insultos dos muçulmanos. Alguns autores dizem que ela foi instituída em 1119. O papa Alexandre IV a confirma por meio de uma bula em 1255 e lhe dá a regra de Santo Agostinho. Uma vez que os Cavaleiros dessa Ordem foram expulsos da Terra Santa, uma parte se retirou para a França onde já possuíam a terra de Boigny, perto de Orléans, dada pelo rei Luís VII, e na qual eles fixaram residência. Em 1490, Inocente VIII reuniu a Ordem de São Lázaro à Ordem de Malta na Itália. Leão X a restabeleceu no início do século XVI; em 1572, Gregório XIII a uniu, em Savoia, à Ordem de São Maurício, que o duque Emmanuel-Philibert tinha acabado de instituir. Em 1608, essa Ordem foi unida, na França, à Ordem de Nossa Senhora do Monte Carmel, instituída por Henrique IV; Luís XIV lhe concedeu vários privilégios. Os Cavaleiros de São Lázaro e do Monte Carmel podem se casar e possuir ao mesmo tempo pensões sobre benefício. Ela é composta de cerca de 650 laicos, priores e irmãos que se servem de armas, que desfrutam de comendadorias, bem como de pensões sobre benefício...

A cruz da Ordem é de ouro com oito pontas, de um lado esmaltada de amaranto com a imagem da Santa Virgem no meio e cercada de raios dourados, e do outro lado esmaltada de sinople com a imagem de São Lázaro; os anjos da cruz são coroados com uma flor de lis dourada. Essa cruz está presa a uma grande faixa de cor amaranto que é usada sobre o peito ou como uma echarpe. Os empregados usam apenas uma medalha com os mesmos esmaltes presa à casa do botão por uma corrente sem faixa.

Nos dias de cerimônia, o Grão-Mestre se veste com uma dalmática de linho prateado e por cima um grande manto de veludo amaranto repleto de flores-de-lis douradas, de algarismos e de troféus bordados em ouro e em prata; os algarismos formam o nome de Maria no meio de duas coroas.

O hábito dos Cavaleiros de justiça consiste em uma dalmática de cetim branco, sobre a qual se encontra uma cruz da largura e da altura da dalmática, dividida em quatro partes iguais de cor marrom e sinople, e por cima um grande manto tramado de veludo amaranto, no lado esquerdo do qual está bordada uma cruz da Ordem com a imagem da Virgem Santa no meio.

Os Cavaleiros eclesiásticos ou capelães usam uma pelerine de veludo amaranto com a cruz da Ordem bordada no lado esquerdo.

O manto dos Irmãos domésticos não passa de um lençol, que tem no lado esquerdo a medalha bordada.

Os noviços têm apenas um manto de cetim verde com uma espécie de capucho.

O arauto de armas usa uma dalmática de veludo amaranto, que na frente tem bordadas as armas da Ordem, as quais são de prata com a cruz dividida em quatro partes iguais de cor marrom e sinople; o escudo tem na parte de cima uma coroa ducal.

Todos, com exceção dos eclesiásticos, usam uma touca de veludo negro com plumas negras e uma garça.

Para ser recebido na Ordem, é preciso dar prova de nobreza de três gerações ou de quatro quartos. O Grão-Mestre pode, no entanto, dispensar do rigor das provas aqueles que prestaram serviços consideráveis ao rei ou à Ordem, e recebê-los como Cavaleiros de graça.

O rei é o soberano chefe e fundador da Ordem e nomeia o Grão-Mestre, que separa suas armas das armas da Ordem e das de sua casa. Os Cavaleiros envolvem normalmente seu escudo com a faixa à qual prendem a cruz, e colocam atrás a grande cruz da Ordem. Alguns, em vez da faixa, colocam o cordão que foi projetado para essa ordem, mas ainda não foi aprovado. Ele deve ser de ouro, composto alternadamente de um M e de um A entrelaçados, e de três grandes pérolas.

O Cavaleiro, ao receber a cruz, faz voto, com as mãos entre as mãos do Grão-Mestre ou de seu representante, de observar os mandamentos de Deus e da Igreja; de servir com grande zelo à defesa da fé quando for ordenado por seus superiores; de exercer a caridade e a misericórdia para com os pobres e principalmente para com os leprosos; de manter pelo rei uma inviolável fidelidade e ao monsenhor o Grão-Mestre de lhe dedicar uma perfeita obediência, e de manter durante toda sua vida a castidade livre e conjugal.

✠ Trecho do *Resumo metódico da Ciência dos Brasões (seguido de um glossário dos atributos heráldicos, de um tratado elementar das Ordens de Cavalaria e de noções sobre as classes nobres, os enobrecimentos, a origem dos nomes de família, as provas de nobreza, os títulos, as usurpações e a legislação nobiliária)* por W. Maigne,[15] "Ordens Reunidas de São Lázaro e de Nossa Senhora do Monte Carmel":

(...) *A Ordem de São Lázaro foi instituída ao longo do século XII, talvez em 1119, por cristãos do Oriente que impuseram como dever aos Cavaleiros proteger os peregrinos e cuidar dos leprosos expulsos da Terra Santa pelos muçulmanos; os membros da Ordem se retiraram para a Savoia e a França onde adquiriram em pouco tempo importantes posses. Luís VII lhes deu, entre outras coisas, a terra de Boigny perto de Orléans, que se tornou sua sede no reino. Em 1608, Henrique IV os reuniu aos Cavaleiros de Nossa Senhora do Monte Carmel, que no ano anterior ele tinha estabelecido, e aplicou, durante a reunião das duas Ordens, a denominação de Ordem Real e Militar de São Lázaro de Jerusalém e Hospitalária do Monte Carmel.*

A nova Ordem foi conferida até 1788. O rei era o seu protetor e nomeava o Grão-Mestre. Um regulamento de 31 de dezembro de 1778 estabeleceu que só se poderia ser admitido com a idade de 30 anos, e depois de ter provado, com títulos originais, oito gerações de nobreza paterna e militar (não incluso o recipiendário), mas sem nenhum enobrecimento conhecido. Os aspirantes deviam, além de outras coisas, ter pelo menos o grau de capitão nas tropas terrestres, e o de segundo-tenente na marinha. Todavia, eram dispensados da condição do grau os fidalgos enviados, na qualidade de embaixadores, junto às cortes estrangeiras. Os eclesiásticos desfrutavam a mesma dispensa, mas deveriam provar que seu pai tinha servido durante pelo menos 20 anos, ou tinha estado a serviço do rei.

Nos últimos tempos, os membros da Ordem formavam duas classes: a primeira compreendia oito comendadores eclesiásticos, o ministro do rei junto às cortes estrangeiras e oficiais que tinham pelo menos o grau de coronel ou de capitão de navio. Os oficiais abaixo desses últimos graus constituíam a segunda classe.

A cruz era de ouro, com oito pontas esmaltadas em púrpura e ouro, alternadamente ornada de ouro e chanfrada com quatro flores-de-lis e tendo no centro, de um lado, uma imagem de Nossa Senhora do Monte Carmel e, do outro, uma representação da ressurreição de Lázaro. Os Cavaleiros a usavam suspensa ao pescoço por uma larga

---
15. Edição Garnier frères, Paris, 1860.

fita verde. *Ela era ainda bordada, com a divisa* Atavis et Armis, *no lado esquerdo de seu hábito; mas o material usado para bordar variava de acordo com a classe social à qual eles pertenciam. Enfim, todos tinham o direito de fixar o escudo de suas armas sobre uma grande cruz de oito pontas, de cor púrpura e verde, e envolta pelo colar da Ordem. Esse colar consistia em uma corrente de pérolas de prata cheias de iniciais SL (Sanctus Lazarus) e MA (Maria), de ouro, separadas por duas palmas de sinople em forma de cruz.*

Anexo 2:

Sobre a implantação da Ordem na Europa

As bases da Ordem de São Lázaro de Jerusalém na França, Inglaterra e Alemanha são bem conhecidas. Para a Alemanha, por exemplo, citaremos a antiga comendadoria de Schlatt, perto de Freibur ou Brisgau. Fortificada no século XIII, essa comendadoria tinha sido fundada pelo preceptor da Ordem na Alemanha, Heinrich von Graba, e foi reunida às comendadorias de Gfenn e de Seedorf. Aliás, o comendador Siegfried de Schlatt foi, em 1287, o redator de uma das mais antigas regras da Ordem, conservada na abadia de Seefort. Foi no século XIV que a célebre comendadoria de Schlatt foi transferida para a Ordem de Malta. A lembrança desse estabelecimento permaneceu bem forte nos anais da Ordem que deve retomar posse dessa comendadoria atualmente.

A história da Ordem na Irlanda é mais ignorada, ainda que os Cavaleiros de São Lázaro tenham desempenhado um papel ativo nessa região entre os séculos XII e XVI. O boletim do Grão-Magistério da Ordem, *La Vie Chevaleresque*, recentemente relatou os principais acontecimentos relativos ao desenvolvimento da Ordem na Irlanda durante o período anteriormente citado. Emprestamos a esse documento algumas das informações a seguir.

Primeiro é preciso observar que a Ordem do Templo tinha se estabelecido na Irlanda por volta do fim do século XII e que os primeiros Templários vieram com Strongbow. O centro da Ordem do Templo estava situado no condado de Dublin, em Clontarf, preceptoria de Saint-Congal. Até a supressão da Ordem em 1307, os Templários "possuíram na Irlanda certa quantidade de estabelecimentos, entre os quais o castelo de Mungret (Limerick), as comendadorias em Crooke, Kilbarry, Kilclogan, Teach Tempeal, etc., e hospitais como em Limmerick e Lemihan".

Os Cavaleiros de São João (Malta) desembarcaram na Irlanda com os anglo-normandos em 1174, em Wexford primeiramente e depois em Kilmainham; em 1311, eles herdaram todos os estabelecimentos dos Templários.

Foi na mesma época que os Hospitalários de São Lázaro se implantaram na Irlanda para se consagrarem aos leprosos, cujo número aumentava no Ocidente desde as Cruzadas. Eles receberam ajuda e proteção dos reis da Inglaterra Henrique II, Ricardo Coração de Leão e João sem Terra, que já tinham favorecido o desenvolvimento de São Lázaro em seu reino da Inglaterra e no seu ducado da Normandia.

Lembremo-nos de que nas Ilhas Britânicas, a mais importante casa da Ordem de São Lázaro – da qual dependiam todas as da Inglaterra, Escócia e Irlanda – era a de "Burton Lázaro" na circunscrição de Leicester; ela tinha sido fundada pelo cruzado Roger de Mowbray, em 1150. Na própria Irlanda, é bom assinalar, entre as casas da Ordem dedicadas mais especialmente aos cuidados dos leprosos, as situadas em:

• Lismore (circunscrição de Waterford), o hospital dos leprosos fundado sob o reinado de João sem Terra foi administrado, no século XII, pela Ordem de São Lazaro e parece ter cumprido a função de casa-mãe para a Irlanda;

• Cork (circunscrição de Cork);

• Cashel (circunscrição de Tipperary), capital dos "altos reis" da Irlanda e dos reis-bispos de Munster. Foi em 1230 que *sir* David Latimer, Senescal de Cashel, mandou construir o hospital dos leprosos, que foi transferido para o lugar chamado "Knock Saintlour" (colina de São Lázaro);

• Kinsale (circunscrição de Cork). Os Hospitalários de São Lázaro administraram ali uma parte da "cidade dos leprosos", em um lugar chamado "Tobama Robbar". Foi em Kinsale que em 1682 deveria desembarcar o rei Jaime II Stuart sob a proteção justamente dos Cavaleiros franceses da Ordem de São Lázaro, entre os quais o almirante Châteaurenaud, Grão-Prior da Bretanha;

• Drogheda (circunscrição de Louth);

• Kilkenny (circunscrição de Kilkenny). Aqui o hospital dos leprosos de Santa Maria Madalena teria sido administrado pela Ordem de São Lázaro;

• Enfim, em Atherny (circunscrição de Galway), no reino de Connacht dos O'Connor, o leprosário também teria sido governado pela Ordem de São Lázaro.

Observaremos que na Europa a maior parte dos leprosários colocados sob a invocação de Santa Maria Madalena teve em certa época vínculos com a Ordem de São Lázaro de Jerusalém.

Mas, em 1540, durante a ruptura do rei Henrique VIII com a Santa Sé, foram encerradas as atividades da Ordem de São Lázaro e da Ordem de São João (Malta); nos séculos seguintes, contudo, São Lázaro ainda conta com Cavaleiros irlandeses em suas fileiras. Ao longo dos séculos XVII e XVIII, certo número de fidalgos irlandeses foi recebido na Cavalaria de São Lázaro, como: Mauclair, lugar-tenente da Cavalaria; Jean O'Kane, capitão de granadeiros no regimento irlandês de Galway; Jean Baptiste Gwyne, fidalgo do cortejo do pretendente Jaime

III Stuart; Daniel O'Brien, capitão no regime irlandês de O'Brien; Jeremy Dean, capitão no regime de Berwick e depois coronel a serviço do rei da Espanha; Patrick, conte de Arcy, marechal de campo, etc.

Lembraremos, a respeito da proteção oferecida ao pretendente dos Stuart pelos Cavaleiros da Ordem de São Lázaro de Jerusalém, do pertencimento do cavaleiro Ramsay a essa Ordem, do papel que ele desempenhou na corte de Saint-Germain des Prés entre os refugiados estuardistas e entre os maçons daquela época. Mesmo que a Maçonaria "Escocesa" não tenha vínculo direto com a terra da Escócia... seus altos graus cavaleirescos não podem se considerar escoceses? Suas "lendas" rituais são de fato apoiadas pelo discurso de um célebre Cavaleiro de São Lázaro, escocês de ascendência e de fé real estuardista: Ramsay.

A propósito da implantação da Ordem na Hungria, observaremos que uma recente publicação da "vida cavaleiresca" fez o histórico do desenvolvimento dos Cavaleiros de São Lázaro nesse país, entre a Idade Média e o século XVII.

Os primeiros Cavaleiros se fixaram nos arredores de Estergum por volta de 1181. O rei Bella III, que reinava na época, favoreceu a Cavalaria. Casou-se com a filha do célebre cruzado Renaud de Chatillon, príncipe de Antioquia, depois se casou com Marguerite da França, filha de Felipe II Augusto e irmã do rei Luís VII, benfeitor da Ordem de São Lázaro, que lhe deve a sede magistral de Boigny.

Os Cavaleiros participaram das Cruzadas, principalmente da quinta Cruzada, com o rei André II dito "o Hierosolimita", o duque Leopoldo VI da Áustria e o rei de Chipre, Hugo I de Lusignan. André II, sob a influência de sua filha, a futura Santa Isabel da Hungria, contribuiu para estabelecer em seu reino Lazaristas, Templários, Teutônicos, Cavaleiros de São João e Cônegos do Santo Sepulcro:

Os Templários foram instalados na Hungria pelo rei André II, sendo a sua sede principal a Comendadoria de Santo André; eles possuíram na Hungria inúmeros bens, entre os quais: os monastérios-fortalezas de Saint-Étienne, de Saint-Martin, os castelos de Buzax, de Kesmark, as casas de Stole, de Santa Maria – a Branca, de Blat Heza, de Belehrad, a Fortaleza de Urana.

Os Cavaleiros Teutônicos também se estabeleceram na Hungria, em 1211, sob o reinado de André II: sua sede era no castelo de Borge e possuíram algumas comendadorias, principalmente no Burgenland; possuíam também em Schwarzburg, Wolkendorf, Torzburg, Rosenau, Masien e, na fronteira da Valachie, os castelos de Almage, de Noilgant. E o próprio Grão-Mestre da Ordem, Herman von Salza, veio para a

Hungria. Depois os Cavaleiros Teutônicos tiveram alguns desentendimentos com o rei André II, que acabou apoiando os Templários contra aqueles.

Os Hospitalários de São João se estabeleceram na Hungria na mesma época (século XIII), mas não tiveram dioceses húngaras e suas posses neste país dependiam do Priorado da Boêmia e da Alemanha, mas às vezes o prior foi designado como prior da Boêmia e da Hungria. Após a extinsão da Ordem do Templo (1312), os Hospitalários de São João herdaram os bens dos Templários na Hungria.[16]

Em 1233, o rei André II prestou o juramento de manter as liberdades da Igreja na Hungria durante uma cerimônia na igreja dos Cavaleiros do Rei Saint-Étienne e em presença do Grão-Mestre de São Lázaro de Estergum.

A Ordem de São Lázaro certamente possuía na Hungria várias leprosarias, igrejas, propriedades, etc., em Estergum, Dorogh, Tat Vso, Nitra, Egra (a atual Eger).

Sob o reinado da dinastia dos Arpad, os Hospitalários de São Lázaro continuaram sua missão.

Os reis da Hungria oriundos da casa de Anjou e descendentes de Carlos de Anjou, da Casa da França – filho de Carlos II, de Nápoles, que havia gratificado a Ordem com inúmeros bens na região de Pouilles e na Calábria, não deixaram de proteger os Cavaleiros de São Lázaro. "Sob o reinado de Luís I, o Mestre de São Lázaro de Estergum foi Dominique de Saintroy, nomeado vigário-geral da Hungria pelo Grão-Mestre da Ordem, Jean de Besne, residente em Boigny."[17]

O comendador de Estergum e os outros comendadores participavam regularmente das Assembleias Gerais dos Cavaleiros de São Lázaro em Boigny. Entre os combates, destaquemos, no ativo dos Cavaleiros húngaros, sua participação, no século XIV – com os senhores franceses, entre os quais Jean, conde de Nevers e filho do duque de Borgonha, Guy de la Tremoille, e o almirante de Viena –, na Cruzada contra os turcos.

Após a divisão da Hungria no século XVI, já que as propriedades da Ordem se encontravam concentradas na parte ocupada pelos turcos, a Cavalaria de São Lázaro encerrou sua ação.

Citemos, para encerrar esta página da história húngara da Ordem de São Lázaro, dois trechos do boletim do grão-magistrado:[18]

---

16. *La Vie chevaleresque,* boletim do Grão-Magistério da Ordem Militar e Hospitalária de Lázaro de Jeursalém, 1974, "L'Ordre de Saint-Lazare Jérusalem et la Hongrie".
17. *Ibid.*
18. *Ibid.*

Em 1572, lembremo-nos, o papa Gregório XIII tinha reunido as propriedades da Ordem de São Lázaro que se encontravam sob a autoridade do prior de Capone, na Itália, para uni-las à Ordem de São Maurício e formar a Ordem de São Maurício e São Lázaro sob o Grão-Mestrado hereditário do duque de Savoia. O Grão-Magistério da Ordem de Boigny e os comendadores que dela dependiam se recusaram a ser absorvidos, o que foi confirmado pela assembleia da Ordem realizada em Boigny. Em setembro de 1603, o papa Clemente VIII tentou atribuir à nova Ordem de São Maurício e São Lázaro as antigas propriedades da Ordem na Hungria, mas isso não aconteceu, pois, em razão da situação nesse país, a Ordem tinha praticamente encerrado sua ação e seus bens estavam dispersos; foi apenas no século XVII que Cavaleiros húngaros estiveram novamente entre os Cavaleiros de São Lázaro.

Os problemas e as guerras que se desenrolaram nos séculos XVII e XVIII impediram que a Ordem de São Lázaro retomasse uma ação na Hungria, mas alguns húngaros, no entanto, foram nessa época Cavaleiros de São Lázaro. É por isso que podemos citar entre eles Guy de Benio, capitão da Cavalaria húngara, cavaleiro em 1722; Jean François Dessewfly de Csernek, nobre oriundo de uma família de condes húngaros conhecida desde 1363, tenente-coronel e cavaleiro em 1767.

Foi preciso esperar a primeira metade do século XX para ver a Ordem retomar uma atividade na própria Hungria...

Capítulo II

Entre a Ordem de São Lázaro e a Cruzada: o Caso Ramsay

> *A Igreja:... e o vínculo inviolável que ele concebeu para a Igreja romana e o vigário de Jesus Cristo...*
> (Mémoires de Trévoux, da Cia. de Jesus)
>
> *... e a Franco-Maçonaria:... ele lhe deu um programa, um código de pensamento e de ação...*
> (R. P. Berteloot, Les Francs-Maçons devant l'Histoire)

Bem diferente do caso de Maistre, já tratado em outra obra[19] sobre as Cavalarias maçônicas, o "caso Ramsay" merece no entanto alguma atenção de nossa parte, primeiro porque o nome de Ramsay está estreitamente vinculado às histórias relativas à gênese dos Graus Cavaleirescos e Templários do Escocismo; em seguida, porque o homem, como já assinalamos, é Cavaleiro de São Lázaro de Jerusalém e não do ramo "primo" savoiardo, como de Maistre, mas da raiz autêntica e original dessa Ordem. Enfim, sua "ação" no Templarismo Maçônico – sobre a qual veremos o que convém pensar – é bem anterior à ação de Maistre.

Além do mais, o estudo deste "caso" será uma boa ocasião para verificar a exatidão das considerações de Guénon, assim como uma nova indicação sobre as fontes cavaleirescas que puderam conduzir à criação dos graus templários da Maçonaria.

De fato, gerações de maçons acreditaram que era necessário ver, em Ramsay, o autor dos Altos Graus Escoceses. Não existe história no Escocismo que não cite seu nome e que não o considere o "revelador",

---
19. *Propos sur René Guénon*, Ed. Dervy-Livres, 1973.

em razão de seu famoso discurso, das estruturas cavaleirescas e templárias do Escocismo "Antigo e Aceito".

Em oposição a essas teorias, Guénon afirmava: "... a verdade é que o discurso exerceu em seguida uma influência incontestável sobre a formação dos altos graus, mas evidentemente, e a despeito das lendas difundidas em alguns meios, o próprio Ramsay e Fenelon não tiveram nenhuma participação nisso...";[20] e ainda: "... contrariamente ao que se pôde pretender, o Cavaleiro Ramsay não foi o inventor dos altos graus... se foi responsável por isso, ele o foi apenas indiretamente, porque aqueles que conceberam o sistema do Escocismo se inspiraram em um discurso por ele pronunciado em 1737 e no qual vinculava a Maçonaria tanto aos mistérios da Antiguidade quanto, e mais próximo no tempo, às ordens religiosas e militares da Idade Média..."[21]

Não poderíamos dizer melhor em tão poucas palavras. Mas é preciso se perguntar de onde Ramsay extraía suas próprias ideias, seu gosto pela Cavalaria e sua qualificação pessoal de cavaleiro e, enfim, que relações unem de uma maneira definitiva o Templarismo a esse discurso.

Albert Lantoine, que não nutre nenhuma simpatia pelos altos graus e pelo templarismo maçônico, se expressa nos seguintes termos sobre Ramsay:

"... esse filho de um padeiro calvinista e de uma mãe anglicana que, aproveitando-se da reputação de uma velha família da Escócia que carregava esse nome, foi agraciado, por sua própria graça, com o título baronete da Escócia... e pela graça do regente 'Cavaleiro de São Lázaro'".[22]

Na realidade, parece que o segundo título precedeu o primeiro. Aliás, sejam quais forem suas reais origens, camponesas ou nobres – e é bem verdade que existe na Escócia uma ilustre família dos "Ramsay of the Mar" da qual um dos descendentes, o capitão Alexandre Ramsay, Lord of the Brass of Mar, é atualmente membro da Ordem de São Lázaro –, o fato é que ele recebeu seu título de cavaleiro após seu retorno de Blois, entre 1715 e 1716, portanto, após ter assumido o secretariado da Senhora Guyon.

Nós o encontramos registrado, como Cavaleiro de São Lázaro de Jerusalém, nos *Anais da Ordem* (ramo original de Boigny) sob a

---

20. Resumo do livro de H. Marcy, *Essai sur l'origine de la Franc-Maçonnerie et l'histoire du Grand-Orient*, tomo I: das origens aos nossos dias, em *Étude sur le compagnonnage et la franc-maçonnerie*, tomo II.
21."Os altos graus maçônicos", *Étude sur le compagnonnage et la franc-maçonnerie*, tomo II.
22. *Histoire de la Franc-Maçonnerie française*, Ed. Nourry, Paris, 1927.

seguinte designação "Michel Ramsay, da Academia Real de Londres"; a segunda menção deve ter sido acrescentada alguns anos após a sua admissão na Ordem.

Para que nosso estudo sobre a personagem e sua influência possa ser mais profundo, nós nos basearemos no estudo de N. C. Batham, publicado nos cadernos "Villard de Honnecourt".[23] Citamos:

"... Ele (Ramsay) foi o preceptor do filho do Conde de Sassenage, primeiro fidalgo da câmara junto ao regente, o duque de Orléans, Grão-Mestre da Ordem Real e Militar de São Lázaro de Jerusalém, que iniciou Ramsay nessa ordem, conferindo-lhe assim o título de Cavaleiro". Quanto a seu enobrecimento, ele o deve ao pretendente Jaime da Escócia, que lhe entregou o seguinte certificado:

"Jaime, pela graça de Deus, rei da Grã-Bretanha, defensor da Fé, [...] a todos aqueles que estes presentes verão, saudações. Tendo-nos sido atestado por vários senhores de nossos reinos em Paris que o senhor André Michel Ramsay, fidalgo escocês, descende por parte de pai da nobre e antiga casa do conde de Dalhousie Ramsay, par da Escócia, e por parte de mãe, da mui nobre e mui ilustre casa do duque de Mar, Erskine e par da Escócia, nós realmente desejamos lhe conferir essa declaração autêntica da nobreza de sua extração para lhe servir e valer quando for necessário. Dado em nossa corte em Albano, neste dia 24 de maio do ano da graça de 1723 e o ano 22 de nosso reinado".

Cinco anos mais tarde, lorde Lyon, rei de armas de Edimburgo, aceitava registrar seu diploma de nobreza, certificando que por parte de pai ele descendia dos duques de Dalhousie e que era aparentado por parte de mãe aos castelões de Dun e aos condes de Mar.

Em 1729, ele já é membro da Academia Real de Londres e, em 1730, é recebido na "Sociedade dos Fidalgos" de Spalding, venerável associação de pesquisas arqueológicas.

Sua assinatura, no registro dessa sociedade, traz a referência cavaleiresca de São Lázaro *"Michel Ramsay Eques sancti Lazari"*.

---

23. Esses cadernos reproduzem os trabalhos da Loja de pesquisa "Villard Honnecourt" da Grande Loja Nacional Francesa de que um dos fundadores e animador, Jean Baylot, é o autor de inúmeras obras sobre a Franco-Maçonaria. O estudo de Bathan primeiramente tinha sido objeto de uma comunicação com a Loja de pesquisa *Quatuor Coronati* da Grande Loja da Inglaterra, e o autor gentilmente nos enviou um exemplar, o que agradecemos enormemente. (Cf. também *Ars Quatour Coronati*, vol. 81, ano 1968, N. C. Bathan, *Chevalier Andrew Michael Ramsay: A New Appréciation* e *Travaux de Villard de Honnecourt*, t. VII, 1971: *Le Chevalier Ramsay*, pelo R.F., N. C. Bathan, Grão-Secretário Assistente da Grande Loja Nacional Francesa. Cf. também E. Brault, *Le Mystère du Chevalier Ramsay*, Editions du Prisme, 1972).

No mesmo ano, ele é o primeiro católico a receber o título de doutor em Direito Civil da Universidade protestante de Oxford.

No entanto, é por ocasião de seu casamento com Marie Nairne que seu sogro, David Nairne, subsecretário de Estado do Pretendente, o nomeia cavaleiro e barão por meio de ato registrado em 23 de março de 1735, título transmissível aos herdeiros homens. Apesar de começar a fazer parte da nobreza, Ramsay não esquece sua afiliação a São Lázaro, uma vez que o registro de batismo do príncipe de Turenne, na Igreja Saint-Martin de Pontoise, traz a seguinte inscrição, datada de 12 de dezembro de 1739: "O padrinho foi o senhor André Michel de Ramsay, cavaleiro, baronete da Escócia, e de São Lázaro na França, governador do dito senhor príncipe de Turenne, a madrinha senhora Marie de Nairne, sua esposa, que o nomearam Godofredo, Carlos, Henrique."

Enfim, o atestado de óbito de Ramsay, feito em 7 de maio de 1743 na Igreja de Saint-Germain-en-Laye, menciona ainda: "Na terça-feira, sete de maio de mil setecentos e quarenta e três, o corpo do senhor André Michel de Ramsay, Cavaleiro de São Lázaro e cavaleiro baronete de Escócia, esposo da senhora Marie de Nairne, morto no dia anterior com cerca de cinquenta e oito anos, e que os senhores padres Maurice Morphy e Louis Guillon assinaram com os parentes e amigos do defunto". Assinado: Alexandre de Montgomery, conde de Eglentown, par da Escócia; Charles Radclyffe, conde de Derwentwater, da Inglaterra, Michel de Ramsay, Alex Home, Geo de Leslie.

O senhor Batham, que cita o documento, relembra que tanto Eglentown quanto Derwentwater eram francos-maçons e membros da Loja dos Grão-Mestres em Paris.

Mas o que constitui o "caso Ramsay" é que esse Cavaleiro de São Lázaro, cujo famoso discurso será guardado pela Maçonaria dos altos graus, foi o gerador lendário de uma profusão de Graus Cavaleirescos e Templários na França e na Alemanha.

No entanto, não há nenhuma prova para apoiar a crença segundo a qual ele foi o autor de um grau ou de um ritual desse tipo. Como constata Bathan:

"Thory afirmou que Ramsay promulgou um novo Rito, mas essa declaração foi feita quase 60 anos após a sua morte. Outros defendem que o Rito de Bouillon (também chamado de Rito Ramsay), introduzido entre 1736 e 1738, foi invenção sua. Dudley Wright diz que Ramsay tinha introduzido um sistema de nove graus e permitira que uma Loja de Arras os colocasse em prática, mas nenhum autor indica suas fontes ou faz alguma coisa para apresentar provas. Se Ramsay tivesse sido o fundador de semelhante Rito, certamente encontraríamos em algum lugar o seu nome citado como membro fundador, ou mesmo como oficiante principal, mas não o encontramos em nenhum lugar".

A própria hipótese da origem Ramsay quanto à ideia de uma Maçonaria moldada pelas Cruzadas também é discutível:

"...Na realidade, existe uma referência ainda mais antiga, pois Kloss cita um texto de 1718 (isto é, 12 anos antes da iniciação de Ramsay) cujo autor provavelmente foi o barão de Tschoudy, e no qual não apenas é anunciada a teoria da origem pelos Cruzados, mas também a pretensão de que o seu fundador foi Ricardo Coração de Leão".

Aliás, esta teoria permitiria uma melhor compreensão, por uma evidente localização cipriota, da identificação dos Cruzados aos Templários nas lendas maçônicas; mas isso é outra história sobre a qual voltaremos a falar nos próximos estudos e sempre a respeito das ideias expressas por Guénon sobre o Templo e o esoterismo.

Para voltar à questão da responsabilidade de Ramsay na criação dos Graus Templários, uma primeira observação vem à mente, a de que autores eruditos como o professor Chevalier, Paul Naudon e N. C. Bathan já fizeram: as duas versões do famoso discurso do cavaleiro, a versão de Épernay, pronunciada na "Loja de São João" em 26 de dezembro de 1736,[24] e a atribuída ao "Grande Orador" Ramsay, durante a assembleia da Grande Loja em 1737, diferem nitidamente...

Na primeira versão, a Ordem Maçônica deve remontar ao Antigo Testamento, e sua origem se confunde com a história do povo eleito. Desde Noé, Grão-Mestre, a ciência arcana é transmitida oralmente até Abraão e aos patriarcas. Ela chega ao Egito com José, e à Ásia pelo paganismo, mas se corrompe e se altera, ao passo que "a ciência secreta só foi conservada entre o povo de Deus".

Depois vieram Moisés e o Tabernáculo ambulante, "cópia do palácio invisível do Altíssimo, que é o mundo superior". A arca passa a servir de "modelo do famoso Templo de Salomão". O rei Salomão escreveu em "figuras hieroglíficas nossos estatutos e nossas máximas e nossos mistérios, e esse livro antigo é o Código original de nossa Ordem". Ciro, iniciado nos mistérios maçônicos, instituiu Zorobabel como Grão-Mestre da Loja de Jerusalém e lhe ordenou que lançasse os fundamentos do segundo Templo, onde o misterioso livro de Salomão deveria ser colocado. Finalmente, o livro antigo permaneceu perdido até o tempo das Cruzadas, em que foi reencontrado "em parte", após a tomada de Jerusalém. Ramsay continua: "do tempo das guerras santas

---

24. Manuscrito nº 124 – antigo nº 52. Biblioteca municipal da cidade de Épernay.

na Palestina, vários príncipes, senhores e artistas criaram uma sociedade, fizeram voto de restabelecer os templos cristãos na Terra Santa" e se comprometeram em reconduzir a arquitetura à primitiva instituição, lembrando todos os sinais antigos e "as palavras misteriosas de Salomão para se distinguirem dos infiéis e se reconhecerem mutuamente".

Eles se uniram então em Lojas que traziam o nome de São João, união que se efetuou "como imitação dos israelitas quando restabeleceram o segundo templo, enquanto uns manejavam a trolha e o compasso, outros os defendiam com a espada e o escudo". O discurso termina citando a transferência para as Ilhas Britânicas feita pelo príncipe Eduardo, quando o filho de Henrique III, rei da Inglaterra, percebeu "que não haveria mais segurança para seus confrades maçons na Terra Santa, depois que as tropas cristãs se retirassem".

Por outro lado, na versão "Grande Loja" de 24 de maio de 1737,[25] Ramsay apela imediatamente para os "Nossos ancestrais, os Cruzados" e nos afirma que "as Ordens religiosas foram estabelecidas para tornar os homens cristãos perfeitos, as Ordens militares para nos inspirar o amor da verdadeira glória e a Ordem dos francos-maçons para formar homens amáveis, bons cidadãos, bons súditos, invioláveis em suas promessas, fiéis adoradores de Deus e da Amizade, mais amantes da virtude do que de recompensas".

Com esse belo programa moral e social – bem distante das perspectivas iniciáticas – Ramsay anuncia que "temos entre nós três espécies de confrades: Noviços ou Aprendizes, Companheiros ou Professores, Mestres ou Perfeitos". Aos primeiros, as virtudes morais; aos segundos, as virtudes heroicas e aos terceiros, as virtudes cristãs...

Mas ele oferece uma correção de outra lavra: "... nós temos segredos; são sinais figurativos e palavras sagradas que compõem uma linguagem ora muda, ora bastante eloquente – para nos comunicarmos à maior distância e reconhecermos nossos confrades, não importando a língua que eles falem. Eram palavras de guerra que os Cruzados se davam uns aos outros para se protegerem das surpresas dos sarracenos... Esses sinais e palavras evocam a lembrança ou de alguma parte de nossa Ciência, ou de alguma virtude moral, ou de algum mistério da Fé..."

De fato, Ramsay nos previne, nessa versão, que se propõe não a desenvolver a história da Ordem, mas sim a evocar sua "renovação": "Alguns remontam nossa instituição até os tempos de Salomão e até mesmo Moisés, e outros até Noé, e até mesmo a Enoch, que construiu a primeira cidade, ou até Adão. Sem pretender negar essas origens, eu abordo coisas

---

25. *Histoires, obligations et status de la très vénérable confraternité des Franc-Maçons*, de la Tierce, Francfort-sur-le-Main, 1742.

menos antigas, eis portanto uma parte daquilo que recolhi nos antigos anais da Grã-Bretanha, nas atas do Parlamento britânico, que muitas vezes falam de nossos privilégios, e na tradição viva da nação inglesa, que foi o centro de nossa confraternidade desde o século XI.

"... Do tempo das Cruzadas, na Palestina, vários príncipes, senhores e cidadãos, se associaram e fizeram voto de restabelecer os templos dos Cristãos na Terra Santa e de se dedicar a reconduzir sua arquitetura à sua primitiva instituição. Eles convencionaram vários sinais antigos e palavras simbólicas extraídas dos fundamentos da Religião, para se reconhecerem entre eles e se diferenciarem dos sarracenos e dos infiéis [... sua promessa solene de jamais revelá-los era] um elo respeitável para unir os cristãos de todas as nações em uma mesma confraternidade. Algum tempo depois, nossa Ordem se uniu inteiramente aos Cavaleiros de São João de Jerusalém. A partir de então, todas as nossas Lojas trazem o nome de Lojas de São João [nossa Ordem], fundada há muito tempo e renovada na Terra Santa por nossos ancestrais... Os reis, os príncipes e os senhores, no retorno da Palestina para seus estados, ali fundaram diversas Lojas. No tempo das últimas Cruzadas se viam várias Lojas erigidas na Alemanha, na Itália, na Espanha, na França e, a partir dali, na Escócia, por causa da estreita aliança dos escoceses com os franceses. Jaime, lorde Steward da Escócia, era Grão-Mestre de uma Loja em Kilwinnen, no Oeste da Escócia no ano MCCLXXXVI, pouco depois da morte de Alexandre III, rei da Escócia, e um ano antes de Jean Baliol subir ao trono. Em sua Loja, este senhor recebeu francos-maçons, os condes de Glocester e de Ulster, sendo um inglês e o outro irlandês... O grande príncipe Eduardo, filho de Henrique III, rei da Inglaterra, vendo que não havia mais segurança para seus confrades na Terra Santa, de onde as tropas cristãs se retiravam, trouxe todos e foi se estabelecer na Inglaterra... Desde então, a Grã-Bretanha foi a sede de nossa Ordem, a conservadora de nossas leis e a depositária de nossos segredos. As fatais discórdias de religião que confundiram e dilaceraram a Europa no século XVI fizeram com que a ordem da nobreza desviasse de sua origem. Mudamos, disfarçamos ou suprimimos vários de nossos Ritos e usos que eram contrários aos preconceitos do tempo..."

✠

Essas duas versões exigem, de nossa parte, várias observações:

1 Elas não são contraditórias, e ambas contêm uma parte "lendária" e uma parte "histórica", que é então cristã. A parte lendária é bíblica e judaico-cristã quanto ao contexto religioso. É uma espécie de divisão em Maçonaria proto-histórica e Maçonaria histórica medieval que encontramos nessa estrutura retórica. Observaremos que se trata então de uma tese conciliável com a concepção da Maçonaria tradicional exposta por René Guénon, ou seja: uma Maçonaria "operativa", efetivamente católica, detentora de uma ciência "arcana", não sem parentesco com a Cavalaria das Cruzadas, e uma iniciação maçônica que remonta a tempos imemoriais, enfim, uma alteração tradicional que remonta aos tempos modernos e às guerras de religião.

2 Nas duas versões, a Maçonaria "histórica" está estreitamente associada às ordens militares das Cruzadas e ao Templo de Jerusalém.

3 Em nenhum lugar desse discurso passado à posteridade está escrito que os "Cruzados" eram Templários... Só é abordada, a propósito da identidade desses Cruzados, a Ordem de São João ou de Malta. Mas não nos esqueçamos de que às vezes a Ordem de Malta foi considerada como sendo a de São Lázaro[26] e que Ramsay era católico. Ora, a Ordem Templária estava dissolvida pela autoridade romana. Talvez tenha sido prudência de sua parte? De fato é curioso que ele não mencione jamais os Templários, ainda que não lhes dedique muito interesse, e ainda que não acredite – no fundo como de Maistre – nas filiações templárias; parece que o problema não o sensibilizou.

4 O pertencimento do "Cavaleiro Ramsay" à Ordem de São Lázaro sem dúvida não é estranho à sua compreensão dos vínculos que unem maçons e Cavaleiros da Terra Santa em relação aos mistérios vindos do Oriente.

Esta também é a opinião de Batham sobre os pontos que acabamos de assinalar:

"... Ramsay dizia que a Maçonaria tinha sido fundada na alta Antiguidade e tinha sido renovada na Terra Santa pelos Cruzados reunidos em um objetivo nobre, e dizia serem eles os nossos ancestrais. Ao fazer isso, pode ser que pensasse nas referências feitas às Ordens medievais durante sua nomeação como Cavaleiro da Ordem de São Lázaro; além do mais, suas relações com a família de Bouillon, que se dizia descen-

---

26. Paul Bertrand de la Grassière retornou a essa questão no estudo, já mencionamos anteriormente, intitulado *Un précurseur de Greneffe: l'Ordre de Saint-Lazare de Jérusalem*. Reproduzimos aqui as primeiras linhas: "Em um pequeno livro que faz parte de uma coleção de vulgarização, lemos que a Ordem de São Lázaro parece ser um ramo especializado da Ordem de São João de Jerusalém (a Ordem de Malta). De fato, às vezes confundimos essas duas Ordens que foram, desde o início, instituições nitidamente distintas e que são independentes uma da outra. Essa confusão se explica, pois por diversas vezes eles tiveram vínculos bastante estreitos e entre suas tradições e suas atividades existe certa conformidade. Elas têm um traço comum que é o fato de ambas serem oriundas de instituições existentes em Jerusalém antes de 1098, data da chegada dos primeiros cruzados...".

dente dos Cruzados, talvez tenham suscitado seu interesse por estes. Talvez ele também desejasse tornar a Maçonaria atraente para os inúmeros nobres que se juntaram à Ordem nessa época.

Esta última hipótese poderia explicar em parte por que Ramsay se referiu à Ordem de São João de Jerusalém. A Ordem de São Lázaro, da qual ele era membro, deve ter sido fundada na Palestina no decorrer do século I após Jesus Cristo; então, após a criação da Ordem de São João de Jerusalém, as duas Ordens se fundiram e tiveram um Grão-Mestre único. Ainda que esta última Ordem tenha desaparecido, Ramsay de alguma forma foi seu cavaleiro; ela era uma das mais veneradas de todas as Ordens cavaleirescas; dessa maneira, ao identificar nossos predecessores com ela, não apenas ele glorificava a Maçonaria, mas homenageava sua própria Ordem".

5 Certamente esse discurso estabelece universalmente na Maçonaria a doutrina de sua "origem cavaleiresca", justificando toda uma geração de altos graus; mas é verdade, citando mais uma vez Bathan, que Ramsay:

"... certamente não inventou nem mesmo propôs os altos graus; de fato, vimos a possibilidade de esse movimento ter se iniciado antes da publicação de seu discurso, mas é evidente que seus escritos deram à ideia um impulso extraordinário e, nessa medida, e unicamente dessa forma, ele é o seu responsável.

Atualmente, o Rito Escocês Antigo e Aceito permanece como um monumento erguido por um dos maçons mais sinceros que jamais existiu".

Se ele não é o criador dos Cavaleiros maçônicos, o Cavaleiro de São Lázaro certamente é o seu inspirador; seu discurso dá o sinal "verde", ousaríamos dizer, em alusão à cor do manto de São Lázaro, à eclosão e à generalização dos Altos Graus Cavaleirescos e Templários da Maçonaria.

Portanto é preciso admitir que a crença de Ramsay no papel representado por nossos "ancestrais, os Cruzados" era compartilhado por muitos outros maçons, também Cavaleiros de Ordens militares antigas, uma vez que o discurso não provoca nenhuma surpresa, nenhum escândalo. Parece que a lenda foi algo bem natural, e já vimos que, alguns anos antes, o barão Tschoudy emitira ideias análogas.

Em resumo, não se duvidava, naqueles tempos, das raízes cavaleirescas e palestinas da Ordem ou, como diz Ramsay, de sua "renovação" pelos Cruzados.

Essa tese é mais rica do que podemos pensar. Ela não renega a universalidade confessional da arte anterior ao cristianismo, mas ressalta, no entanto, seu vínculo mais estreito com o povo de Israel, pela "articulação" de Moisés, Salomão e Zorobabel, enfim, ela dedica à Maçonaria "histórica" e operativa uma origem bem precisa: a "renovação" cavaleiresca na Terra Santa que anuncia o casamento da Ordem com o cristianismo e a revivificação dos mistérios iniciáticos e "do que estava perdido", em um centro espiritual e temporal bem definido: a Terra Santa e o Templo de Salomão.

De fato, em tudo isso, como já observado, não se trata de uma menção especial atribuída aos Templários, e mais uma vez é esta a observação feita por Barthan:

"Em nenhuma parte de seu discurso, Ramsay propôs a criação de um Rito novo, em nenhuma parte ele fez referência aos Templários, e quando menciona a Ordem de São João, trata-se de São João de Jerusalém, e não de São João de Malta. Quando falou de mudanças, sua única preocupação foi a purificação do ritual existente, e ele não foi de forma alguma responsável pelas invenções posteriores".

Se consequentemente foi dado crédito à autenticidade do conteúdo tradicional dos Graus Templários da Maçonaria e em decorrência à tese de Guénon relativa à sua origem e ao seu valor, essas "invenções" não podem se explicar, em nossa opinião, a não ser pela teoria de "mutações" templárias e da genética espiritual específica, assunto, aliás, já longamente desenvolvido por nós em outras obras.[27]

De todo modo, era útil antes de continuar nosso estudo, fixar nesta questão o papel representado pelo Cavaleiro de São Lázaro Ramsay, e aproveitar para apreciar a justeza do julgamento de Guénon.

✠

Outros problemas a partir de agora irão reter nossa atenção a respeito do Templo e de seus mistérios, e que dizem respeito não mais a seus descendentes orgânicos, mas antes a suas ascendências doutrinais. Nós os percebemos ao evocar os vínculos que existiram entre o mundo oriental e a Cavalaria templária e que são destacados por algumas lendas dos altos graus do Escocismo Antigo e Aceito, mas tudo isso ainda é bastante confuso e hipotético.

Para desembaraçar um novelo emaranhado pela história, pelas intrigas locais e pelas paixões sectárias, é necessário examinar a influência exercida pelas migrações étnicas nas contribuições religiosas

---

27. *Principes et problèmes du Rit Rectifié et de sa chevalerie Templière* e *Propos sur René Guénon*, Dervy-Livres, 1969 e 1973.

do Oriente ao Ocidente. Ela pode nos fazer pressentir qual foi o veículo humano dos encontros tradicionais que selaram o destino do Templo e ataram sua doutrina às doutrinas do Oriente e das origens do cristianismo.

Dispomos de uma referência geográfica: Chipre. Ora, o que reterá momentaneamente nossa atenção é a presença nessa ilha – bastião do Templo – de um santo, protetor da Ordem de São João dita de Malta idêntico àquele dos "Kadosh"* templários da Maçonaria, e dotado do mesmo nome do protetor da Ordem de São Lázaro: o bispo João.

Esse "Janus bifrons" – Janus de dois rostos – episcopal e cipriota orientará nossas pesquisas futuras.

---

* N. T.: O Cavaleiro Kadosh é um Grau Maçônico ou cerimônia de iniciação realizada por certos ramos do Rito Escocês Antigo e Aceito da Maçonaria.

Capítulo III

Prelúdio Cipriota:
João de Chipre e João, o Esmoleiro

> *... Fizemos construir no mesmo local um altar*
> *que foi dedicado ao bem-aventurado*
> *João, o Esmoleiro. Este homem agradável a Deus*
> *e digno dos maiores elogios tinha nascido em Chipre...*
> (Guilherme de Tiro, Memórias)

Nós assinalamos que o armorial da Ordem Militar e Hospitalária de São Lázaro de Jerusalém, redigido em 1755 pelo cavaleiro Dorat de Chameulles, apresenta João de Chipre como segundo Grão-Mestre depois de João Hircano, que às vezes foi confundido por alguns com João, o Esmoleiro, ao qual o grau templário maçônico de "Cavaleiro Kadosh" se refere como "mestre cristão da Ordem dos Cardos".[28]

De fato, João, o Esmoleiro, também era originário de Chipre e titular, assim como o bispo João de São Lázaro, de um cargo episcopal.

Gostaríamos de retornar ao personagem do Esmoleiro com o risco de introduzir em nossas reflexões uma digressão um pouco insólita, de que nossos leitores poderão bem nos desculpar.

As linhas que seguem não se distanciam das questões marginais do Templarismo, mas, como veremos, elas preparam a análise sobre os contatos entre cruzados e comunidades orientais.

Além do mais, é um bom momento para aproveitar a ocasião que nos é assim oferecida para responder às questões que foram feitas após

---

28. Cf. o manuscrito de 1765 reproduzido na obra de Paul Naudon, *Histoire et rituels des hauts grades maçonniques: le Rite Écossais Ancien et Accepté*, Ed. Dervy-Livres.

a publicação de nossa obra sobre a Cavalaria templária[29] e justamente a respeito de João, o Esmoleiro, cujo patronato, como assinalado na obra já citada, se estendia – antes do patronato de João Batista – aos Hospitalários de São João de Jerusalém.[30]

É bom deixar claro que o segundo mestre de São Lázaro não pode ser confundido com o Esmoleiro, caso os dados históricos que possuímos sejam exatos.

O arcebispo João de Chipre foi, por volta do ano 648, o mestre dos irmãos que, em São Lázaro, na ilha de Chipre, cuidavam dos leprosos.

A existência de uma estreita relação entre São Lázaro e Chipre – mesmo se for por causa da tradição segundo a qual o ressuscitado evangélico teria sido enterrado nessa ilha –, é evidente, ainda que não adotemos a afirmação de Gaultier de Sibert, de acordo com a qual a Ordem de São Lázaro teria disposto, a partir do ano 694, de um porto na Ilha de Vênus – cuja cor verde curiosamente evoca o sinople das armas da Ordem de São Lázaro. Muito provavelmente teria existido na ilha um porto e uma igreja de São Lázaro, sem vínculo direto com a Ordem do mesmo nome. De todo modo, isso não significa que o segundo fundador da Ordem de São Lázaro possa ser identificado a Jean Éleymon.*

Este nasceu em Chipre e ali morreu por volta de 617. Ele tinha sido eleito o patriarca de Alexandria após a sua viuvez, ao passo que o bispo da Ordem de São Lázaro, João de Chipre, foi bispo da própria ilha. Aliás, as datas não correspondem, pois em 648, ano de referência magistral e episcopal para João de Chipre, o Esmoleiro já havia falecido há aproximadamente 31 anos.

É preciso confessar que, se a notoriedade do Esmoleiro não é muito maior nos séculos XIX e XX, salvo talvez entre os maçons dos graus cavaleirescos e templários,[31] nem sempre foi assim.

Conhecemos sua vida principalmente pelos escritos de Leôncio, bispo de Naplouse, que agrupava as relações do clero de Alexandria. A história de sua vida, publicada por Rosweide e por Bollandus, está de acordo com a biografia oferecida por Metafrasto, e seus elementos foram retomados pelo abade Godescard em sua tradução da obra de Alan Butler sobre a vida dos Pais da Igreja, mártires e outros santos principais.[32]

---

29. *Principes et problèmes du Rite Écossais Rectifié et de sa chevalerie templière*, Ed. Dervy-Livres, 1969 (3ª parte, nota 4).
30. Cf. Claire Éliane Engel, *Histoire de l'Ordre de Malte*, Ed. Nagel, 1968.
* N.T.: João, o Esmoleiro, para os latinos.
31. Em 1811, Bazot, em seu *Manuel du franc-maçon*, explica que o verdadeiro patrono das Lojas é São João, o Esmoleiro, ou São João de Jerusalém, fundador da Ordem que tem esse nome.
32. Ed. Leroux e Jouly, Paris, 1858.

Parte do políptico de São João, o Esmoleiro (Retábulo de São João, o Esmoleiro, Museu Nacional da Cracóvia), com a amável autorização do senhor diretor do Museu Nacional da Cracóvia e do senhor conselheiro cultural da embaixada da República Popular da Polônia em Paris.

Resumiremos suas principais características, que evidentemente não revelam qualquer propensão ao esoterismo por parte de João, o Esmoleiro, mas afirmam de maneira bastante nítida a prática "deificante" de uma caridade à qual esse bispo deve seu apelido e que honra a principal das virtudes teologais. Aliás, é interessante observar que esse apelido é atributivo de um "ofício" nas Lojas maçônicas: o de "Irmão Esmoleiro".

De família nobre, João nasceu em Amathonte, em Chipre. Casou-se e foi pai de muitas crianças, mas "renunciou ao mundo" após a morte dos seus. Distribuiu então seus bens aos pobres e se dedicou à espiritualidade cristã. Sua reputação de santidade era tal que rapidamente se tornou bispo de Alexandria, provavelmente por volta de 608, quando tinha cerca de 50 anos.

Chamando os pobres de "mestres e senhores" – "porque Jesus Cristo lhes deu o poder de abrir a porta dos céus" –, ele tomou uma multidão sob sua proteção particular e publicou, no mesmo dia de sua sagração, uma ordenança contra "a desigualdade dos pesos e medidas que oprimem os deserdados". Logo que sagrado bispo, ele distribuiu aos monastérios e aos hospitais todo o tesouro de sua igreja e consagrou aos pobres a totalidade das rendas de sua sede episcopal – a primeira do Oriente –, mantendo uma audiência pública duas vezes por semana a fim de poder ser abordado por todos e ser "tudo para todos". De onde lhe vinha essa vocação pela pobreza, que se assemelha ao franciscanismo, e nos leva a pensar na "esposa" da Cruz na obra de Dante? De uma visão, dizem, que remontava à sua juventude e que ele próprio relatava nos seguintes termos: "Um dia, a caridade me apareceu sob a forma de uma mulher coroada de louros e mais brilhante do que o Sol. Ela se aproximou de mim e assim me falou: 'Sou a filha mais velha do grande rei; se vós merecerdes meus favores, eu vos introduzirei diante Dele, pois ninguém se aproxima dele com mais confiança do que eu. Eu o fiz descer do Céu à terra para que, tornado carne, pudesse resgatar os homens'".

Como não comparar esta visão da Caridade com a descrição que Dante nos oferece da Crucificação, no Canto 11 do *Paraíso*. (V. 70.72), quando escreveu a respeito da Pobreza: "... ela foi tão constante e fiel que, enquanto Maria permanecera ao pé da Cruz, ela subira ao madeiro para chorar com Cristo". Essa Ascensão da Cruz pela Pobreza estabelece sem sombra de dúvida um parentesco divino entre a caridade total e Cristo, mas existe uma comparação análoga em um opúsculo atribuído a São Francisco.[33] E não devemos esquecer que, durante a "prova" sobre as três virtudes teologais, nos últimos cantos do "Paraíso", é João, o Evangelista, o apóstolo da doutrina, que interroga o poeta inspirado sobre a caridade, a mais elevada das três virtudes.

O fato é que a caridade do cipriota, ultrapassando os limites de Alexandria, não tardou a se estender a todos os pobres do império e àqueles do Egito, perseguidos pelos persas, bem como aos de Jerusalém.

A enormidade de seus dons em dinheiro, provisões, trigo e vinho, mão de obra de pedreiros destinada à reconstrução das igrejas, foi tão prodigiosa que o problema de seus recursos, quase milagrosos, se apresentou a seus contemporâneos e biógrafos. Parece que a Providência não deixou de lhe prodigar novas riquezas, quando tudo parecia perdido aos olhos da prudência humana.

No plano religioso, certamente ele encarna a forma clássica de santidade cristã. Duro com ele mesmo, vivendo na penúria, recusando-se a

---

33. *Opuscoli de san Francisco*.

ouvir os caluniadores ou a lhes abrir sua porta, ele se definia, no entanto, como um "composto de misérias, fraquezas, corrupção e orgulho"; sua força de caráter lhe permitiu se opor às leis de Nicetas, o governador de Alexandria, quando estas traziam o risco de prejuízos aos pobres, pois ele era, dizem, insensível às injúrias, firme, paciente, suave e habilidoso.

Os biógrafos relatam que ele sabia minimizar o orgulho dos soberbos parando bruscamente seu ofício, durante a passagem da oração dominical "perdoai nossas ofensas como perdoamos àqueles que nos ofendem", e enfrentava a cólera de Nicetas com esta simples observação: "O Sol está quase se pondo", alusão às palavras do apóstolo: "Que o Sol não se ponha sobre vossa ira."*

Eis tudo o que a história oficial guardou sobre o santo personagem, e sem dúvida há mais coisas em relação a ele que não chegaram até nós. No plano doutrinal, sabemos apenas que ele se dedicou com Sofrônia e João Mosch a restabelecer a fé ortodoxa, não dissociando jamais a doçura da retidão, nisso diferente dos sectários e conspiradores de todas as épocas e regiões, que se esforçam em oferecer do Mestre uma imagem caricatural e invertida.

Sua morte aconteceu quando se preparava para ir até Constantinopla na companhia de Nicetas. Em Rodes, ele teve conhecimento de seu fim iminente e deixou o governador seguir sozinho seu caminho em direção à capital: "Eu não posso visitar o imperador, o Rei do Céu me chama para junto dele".

Ele passou, portanto, por Chipre e morreu em Amathonte em 617 ou 618, aos 64 anos. Suas relíquias foram enviadas pelo imperador dos turcos ao rei da Hungria, Mathias Huniade, que as mandou colocar em sua capela no castelo de Buda. Em 1530, elas foram transferidas a Tall, perto de Presburgo, e depois, segundo Bollandus, elas retornaram para a catedral de Presburgo, em 1632. A Igreja do Oriente honrou a memória do Esmoleiro em 11 de novembro – dia de sua morte – e o martirológio romano festejava sua memória em 23 de janeiro, aniversário da translação religiosa.

A veneração cristã que cercou o patrono dos Cavaleiros Kadosh e da Ordem Soberana Militar e Hospitalária de São João de Jerusalém, dita de Rodes, dita de Malta, foi tal que sua popularidade logo deveria se espalhar por toda a Europa.

Um exemplo disso nos é fornecido pela iconografia e especialmente pelos painéis do políptico que lhe é consagrado na igreja Santa

---

* N. T.: São Paulo, (Efésios, 4:26).

Catarina dos Agostinhos, na Cracóvia. Essa pintura, do início do século XVI, é atribuída a Joachim Libnaw de Droszov ou Jean Gorajski.[34]

34. *Será possível vincular o altar com alguns monumentos da pintura polonesa dos inícios do século XVI? Poderíamos falar de certo parentesco de inspiração em relação à característica retratista (os altares de Szydlowiec e de Warta) ou em relação aos motivos da paisagem (os altares de Bodzentyn, de Lipnica e de Warta, o quadro de Grywald, e em primeiro lugar do afresco no claustro cracoviano dos agostinhos representando a Madona consoladora). Michal Walicki menciona a influência de nosso políptico sobre as obras contemporâneas dos pintores poloneses (os altares de Warta e de Gosprzdowa). Não é possível provar que o criador da lenda de São João, o Esmoleiro, provinha da escola cracoviana. Os quatro painéis com a lenda de São Estanislau que provêm segundo a tradição do claustro Cracoviano dos paulinos, "na Skalce", são provavelmente a obra do pintor que passou por esse ateliê. Na cena do esquartejamento do corpo do santo bispo, vemos a igreja "na Skalce", representada aliás em vários altares contemporâneos poloneses.*
Todavia, é difícil encontrar uma analogia direta do políptico de São João, o Esmoleiro, até mesmo na Europa ocidental. Quanto às relações com a escola húngara, elas são antes fracas. É o grupo de altares de Spisz (final do século XV) que é o mais próximo (o arranjo do painel central do altar de Santa Isabel, em Levoca). Michal Walicki observa as relações possíveis do mestre de São João, o Esmoleiro, com a pintura da Souabe (Jorg Breu) e do Tirol (mestre do retrato do cônego Angrer). Esta última teoria parece convincente. Poderíamos acrescentar ainda um exemplo da escola alemã, principalmente o retrato de uma mulher (conservado em Frankfurt/Main) atribuído por E. Buchner ao monogramista "WB". Esse artista trabalhava na Renânia central, mas sua origem até hoje ainda permanece incerta. O fragmento da paisagem no fundo evoca de uma forma extraordinária o motivo análogo em um dos painéis do altar cracoviano; todavia, certo aspecto decorativo das paisagens em nosso retábulo comprova afinidades com as pinturas de Jorg Breu.
Sem resolver a questão da gênese estilística do políptico de São João, o Esmoleiro, parece no entanto que todas essas comparações atestam a particularidade pictural de nosso altar. Não há dúvida de que seu criador fez um estágio em um ateliê no Ocidente, que ele teve contato com a arte da Alemanha e talvez com a dos Países Baixos e da Itália setentrional. Não conhecemos sua nacionalidade. Contudo, podemos admitir com muita probabilidade que ele realizou o políptico na Cracóvia por volta dos anos 1520-1504 (contrariamente à versão tradicional sobre a importação do altar).
(Trechos da documentação publicada pelo Museu Nacional: Cracóvia, Estudos de Krystyna Secomska e de Michal Walicki – a atribuição das pinturas foi objeto de estudo de Josef Dutkiewiez).
Essas questões apresentam um real interesse para a história da pintura polonesa no final do gótico e no início do Renascimento, mas elas também apresentam interesse para a pesquisa dos vínculos tecidos durante esse período entre certos pintores e gravadores europeus, membros de organizações e fraternidades aparentadas às Lojas Maçônicas. Assim o fato de que João, o Esmoleiro, às vezes tenha sido considerado como o patrono das Lojas Maçônicas acaba surpreendendo. E o que se dirá a esse respeito o papel representado por Dürer? É conhecida a amizade que existia entre Dürer e Willibald Pirkeimer. Suas cartas e dedicatórias já são bem curiosas com as saudações que elas contêm dirigidas aos "Companheiros" de seu entorno nuremberguense, e também é sabido que a tradução de Ptolomeu por Pirkheimer, impressa em 1525, por Jean Grüningen para Antoine Koberger em Nuremberg (*cote res*. G.c. DD 1013 – Biblioteca Nacional e *cote* R61 – Biblioteca Nacional e Universitária de Estrasburgo) traz a marca do esquadro e do compasso entrelaçados com a letra G (marca do impressor de Grüninger). Vimos que a reprodução dessa marca, na correspondência que gentilmente a esse respeito nos foi dirigida por Francis Laget, provinha dos arquivos e da biblioteca da cidade de Estraburgo. De acordo com os serviços dos "Arquivos e Biblioteca da

A interpretação iconográfica do retábulo permanece estranha às técnicas orientais, mas os episódios da vida do santo que ali estão representados foram inspirados em sua lenda e se desenvolvem em seis fases consecutivas: a disputa com Nicetas; a cota do tributo da África; o dom da rica viúva e a descoberta do desvio dos condutores de animais; a adoção de um pobre adolescente na família do patriarca; o milagroso salvamento de um navio de mercadores; a ressurreição do santo para dar a absolvição a um pecador arrependido; vários dos muitos trechos da narrativa de Leôncio ou de Simão Metafrasto.[35]

É verdade que o culto a João, o Esmoleiro, já estava garantido em Veneza e na Ordem dos Joanitas de Jerusalém; no entanto, ele tinha adquirido certo renome na Polônia, como provam os altares erigidos em seu nome, na Cracóvia, Czetschowa, etc., e as imagens de Novy Sacz, Plock, dois prelados mecenas da pintura, Erazm Ciolek, bispo de Plock, e Jan Konarski, bispo da Cracóvia, se empenharam em propagar essa veneração. Jan Konarski mandou realizar em 1504 um manuscrito com iluminuras, *Joannis Elemosinari historia,* e proclamou um privilégio especial de indulgência ligado ao altar de Mikolaj Lanckoronski, no convento dos agostinhos.

Ocorre que, como observava Maria Kopf, conservadora no departamento de arte polonesa antiga do Museu Nacional da Cracóvia, essa iconografia testemunha o interesse dado pelos religiosos e pelos universitários aos escritos dos Pais da Igreja orientais. O altar de João, o Esmoleiro, também suscitou a curiosidade dos historiadores de arte, tanto poloneses quanto estrangeiros. De fato, não se conhece nem o autor

---

cidade de Estrasburgo", a marca em questão só foi utilizada uma vez por Grüninger para a impressão do *Claudii Ptolemaei Geographicae Enarrationis*, mas essa marca de impressor está reproduzida na obra de Paul Heitz e Karl August Barack, *Elsässische Büchermarken bis Anfang des 18. Jahrjunders*, strasbourg, J. H. Ed. Heitz (Hetz und Mündel), 1892.
35. *As pesquisas realizadas até agora permitiriam admitir que não existe nenhum protótipo pictural das cenas mencionadas acima. Segundo W. Podlacha, provavelmente era a tradução latina (ou de outra versão escrita por Simeão Metafrasto), que era a sua fonte literária. Na parte central do políptico está São João, que distribui a esmola aos pobres. Essa cena merece uma análise iconográfica detalhada em relação a seu caráter representativo e a hierarquização dos personagens. Não se exclui que se trate aqui de uma adoração simbólica do santo. É o acompanhamento musical, ou seja, os músicos com uma viola e uma cítara, que desempenha o papel especial. O motivo dos músicos se repete em uma cena análoga em Stobiecko. São conhecidas sete imagens do santo patriarca na pintura polonesa do início do século XVI: os quadros de Jedrzejow e de Raclawice, os retábulos de Lipnica e de Azydlowiec, de Stobiecko e de Warta, bem como o epitáfio da Sakran na Cracóvia; provavelmente, o painel central de nosso altar pôde servir de arquétipo para a maior deles. Também é preciso citar os exemplos contemporâneos do terreno da Eslováquia, e em primeiro lugar os altares de Spisska Kapitula (final do século XV e de Levoca (1570).*
(Sequência dos Estudos de Krystina Secomska e de Michal Walicji).

– ou os autores – desta obra, nem o lugar em que o altar foi executado. Às vezes foi citado o nome de Nikolaj Lanckoronski, como doador desse altar oferecido, por volta de 1504, aos agostinhos da Cracóvia. As viagens de Lanckoronski a Constantinopla, pela Hungria e como enviado do rei Jan Olbracht ao sultão, poderiam explicar muitas coisas. De fato, como já observamos, o culto de São João, o Esmoleiro, vem da Hungria e provavelmente remonta ao envio das relíquias para Buda, feito por Mathias Corvi.

No entanto, o culto supõe um bom conhecimento das *Vitae Patrum* orientais, elas próprias veiculadas por meio de alguma migração étnica oriental para o Ocidente. Alguns exemplos dessa penetração espiritual: os painéis exteriores do políptico que representam as cenas da vida anacorética de Tebaida e da Síria; as de Hilarion; Onofre; Maria, a Egípcia; Simeão, o Estilista; Abraão, o Sírio; Efrem; imagens raras, senão únicas – na arte europeia, com exceção das figuras de Maria, a Egípcia, e de Onofre propagadas pela iconografia medieval.[36]

É preciso pensar na mediação cristã entre o Oriente e o Ocidente efetuada por algumas etnias, tais como colônias armênias implantadas na Polônia que fundaram nesse país "O Ateliê dos armênios". O surgimento de uma influência do Oriente cristão, que tentaremos esclarecer em uma obra consagrada à análise dos contatos entre ocidentais e orientais na época das Cruzadas, pode ser comparado com a imigração armênia.

Com a queda dos Bagrátidas, os armênios se expatriaram para a Crimeia, Galícia, Poldávia, Volínia, Moldávia e mais tarde para a Polônia,[37] e se beneficiaram nesse país de privilégios reais e de uma completa liberdade de culto.

Além do mais, em 1344, Casimiro III concedeu aos armênios de Kamenetz (Podolsk) o direito de gerir em sua língua e segundo suas leis os assuntos de sua comunidade, sob a direção de um *Voït*. Esse privilégio foi estendido, em 1336, aos armênios de Lwow e, no início do século XVI, Sigismundo I instituiu até mesmo na Polônia e na Moldávia um tribunal puramente armênio, o Ratouché.

---

36. Desejamos agradecer a Jerzy Banach, diretor do Museu Nacional da Cracóvia, que nos forneceu muitas informações sobre a história do retábulo de João, o Esmoleiro, e muito amavelmente nos autorizou a reproduzir as fotos do políptico.
37. A diáspora Armênia, durante a invasão dos Tártaros, provocou uma migração maciça, através do Cáucaso e do Euxino, na direção da Europa central, e outra para a Cilícia e para a Síria. A simbiose armênio-europeia foi tal que ela acabou facilitando as atitudes unionistas com Roma sob a dinastia rupênida da Cilícia na época das Cruzadas (1087-1370).

A lembrança desses fatos poderá surpreender: ele destaca o papel dos armênios na transferência para o Ocidente de inúmeras contribuições orientais, culturais e religiosas, contribuições de que o "monofisismo" cristão era possuidor, e que dizem respeito não somente à arte pictórica, mas também à arquitetura, à técnica dos pedreiros e aos elementos religiosos ou corporativos.

✠

Como se vê, nossa pesquisa sobre João, o Esmoleiro, evidencia o interesse apresentado por uma exploração mais avançada dos contatos entre o Oriente e o Ocidente, exploração que se situa em um âmbito histórico e geográfico a ser determinado. Ora, precisamente porque nosso Esmoleiro reúne sob seu nome a Cavalaria cristã e a Maçonaria templária e por ser originário de Chipre – ilha importante ao mesmo tempo para a Ordem de São Lázaro, a Ordem de Malta e para os "Cavaleiros Templários" da Maçonaria Britânica –, ela nos revela uma localização bem especial: essa ilha foi na época das Cruzadas a sede central da milícia do Templo e provavelmente ela pôde representar um papel de primeiro plano na história tradicional das trocas entre o Oriente e o Ocidente e nas das transmissões iniciáticas.

Vínculos militares e religiosos – cavaleirescos e monásticos – de fato se teceram em Chipre entre os Cavaleiros da Terra Santa e os representantes de comunidades e fraternidades orientais, tanto monofisitas – armênias e coptas – quanto nestorianas, comunidades que também eram próximas do islã xiita e "imamista", sendo a Armênia uma etnia intermediária entre as diferentes civilizações e tradições do Oriente Médio persa-caucasiano e mediterrâneo.[38]

Esses vínculos poderiam justificar, como posteriormente teremos a ocasião de esclarecer, a manutenção na Ordem do Templo de aspectos doutrinais talvez incompreendidos pela soldadesca templária mais tosca e a mais "exoterista". Na realidade, todo esse período das Cruzadas deveria ser reavaliado, em função de um tema polarizador: a troca entre o Oriente e o Ocidente no plano das doutrinas e dos Ritos, e levando-se em conta todas as interferências da época e do lugar: grupos, contatos humanos, implantações sócio-religiosas, etc. Seria então necessário renunciar a essa especialização intelectual que isola um setor "vertical" de pesquisa, como a religião, teologia, tradições, história, lendas, Ri-

---

38. *Cf.* H. Corbin, *En Islam iranien*, tomos I, II, III e IV, NRF., ed. Gallimard, Coleção "Bibliothèque des idées".

tos, preces, sociologia, economia, e então optar pela abolição provisória desse isolamento em proveito da interpretação horizontal, que é a única que pode fazer a síntese dos emaranhados setoriais já citados e explicar o mecanismo de algumas transmissões espirituais.

O método permitiria, além do mais, entrever, pela osmose dos particularismos religiosos detentores e conservadores de conceitos que remontam à origem do cristianismo, as filiações de uma verdadeira gnose, um pouco apressadamente qualificada como heresia pelos partidários de um materialismo cristão perfeitamente agnóstico... Esta reflexão nos conduz evidentemente para bem longe do título deste capítulo consagrado a João de Chipre e a João, o Esmoleiro, mas ela dá início a uma apreciação nova das relações templárias na Terra Santa e em Chipre.

Ela nos conduz, enfim, a abordar de forma mais precisa a função exercida pela ilha verde na perpetuação das doutrinas esotéricas atribuídas aos Templários.

Marca do impressor de Estrasburgo Jean Grüninger no livro impresso em 1525 para Antoine Koberger em Nuremberg e intitulado Claudii Ptolemaei Geographicae Enarrationis *(Arquivos e Biblioteca da cidade de Estrasburgo)*

Capítulo IV

Chipre e o Enigma Templário

> ...*O dia chegou em que toda Chipre celebrava com brilho a festa de Vênus...*
> (Ovídio, As Metamorfoses, X-270)

Abordaremos agora o assunto muitas vezes evocado por René Guénon: o dos contatos que se estabeleceram, durante as Cruzadas, entre Templários e organizações orientais. Se admitirmos a tese de um esoterismo, e talvez de um esoterismo cristão próprio à Ordem do Templo, como também a de uma troca entre o Oriente e o Ocidente por intermédio dessa Cavalaria, será interessante estudar quais foram as possibilidades locais e históricas desse encontro.

Sendo fiel ao método que esboçamos no capítulo anterior, realizaremos a análise "horizontal" do meio religioso e étnico no seio do qual brilhou a Ordem templária. Sem dúvida seria inútil esperar que se possa trazer uma "prova" documentária dessa osmose doutrinal entre orientais e ocidentais, uma vez que, por definição, aquilo de que se trata escapa a qualquer publicidade por sua própria natureza, que é de ordem espiritual e reservada. Todavia, é plausível considerar uma pesquisa mais aprofundada nesse campo, é desejável que ela seja empreendida e seja então objeto de um trabalho de especialista.

Portanto, nós nos dedicaremos aqui a discernir quais grupos sociais e religiosos estiveram em relação uns com os outros durante a presença templária no Oriente Médio, e quais poderiam ser os aspectos tradicionais de que eles eram detentores. Por mais modesta que seja esta técnica de abordagem do problema, ela permitirá, como esperamos, demonstrar que as afirmações de Guénon sobre o papel da Ordem do Templo não eram desprovidas de probabilidades históricas, como alguns acreditavam, probabilidades históricas que sob outros pontos de vista são certezas.

Contudo, a partir do momento em que a Ordem templária estava implantada na Terra Santa, as questões que a ela diziam respeito só poderiam ser levantadas em um nível mais elevado e mais central de sua instalação médio-oriental. É portanto compreensível que, para empreender uma análise do enigma templário, lançássemos âncora na Ilha de Chipre, terra de eleição magistral da Ordem antes de sua retirada para o Ocidente. Assim se explica o fato de que o capítulo anterior nos tenha levado na direção dessa ilha, pois existe mais de um vínculo entre todos esses elementos aparentemente diversos e estrangeiros uns aos outros.

Era necessário "reunir o que estava disperso" para pressenti-lo. Antes de continuar esta exploração, parece-nos então indispensável reagrupar alguns textos anexos de Guénon, que irão constituir a base de nossa exploração; ressaltaremos as passagens mais diretamente relacionadas com essa exploração.

... nós pensamos que o ponto de partida desta ruptura (do mundo ocidental com sua própria tradição) foi nitidamente marcado pela destruição da Ordem do Templo; lembremo-nos de que esta constituía uma espécie de vínculo entre o Oriente e o Ocidente, *e que, no próprio Ocidente, ela era, por seu duplo caráter religioso e guerreiro, uma espécie de traço de união entre o espiritual e o temporal, ainda que esse duplo caráter não deva ser interpretado como o sinal de uma relação mais direta com a raiz comum dos dois poderes (nota: ver a esse respeito nosso estudo sobre São Bernardo; nele assinalamos que as duas características do monge e do cavaleiro se encontravam reunidas em São Bernardo, autor da regra da Ordem do Templo, por ele qualificada de "milícia de Deus" e em consequência se explica o papel, que constantemente ele teve de representar, de conciliador e de árbitro entre o poder religioso e o poder político)...*

(*Autoridade espiritual e poder temporal* – cap. VII, "As usurpações da realeza e suas consequências".)

... talvez seja impossível designar uma data exata *para esta mudança* (a do cristianismo, detentor de um caráter esotérico e reservado, em cristianismo "decaído" no campo exotérico, evitando ao Ocidente cair a partir dessa época *em um estado comparável àquele em que ele se encontra atualmente),* que fez do cristianismo uma religião *no sentido próprio da palavra e uma forma tradicional que se dirige a todos indistintamente; mas o que em todo caso é evidente* é que ele já era um fato consumado na época de Constantino e do Concílio de Niceia, *de forma que este só teve de "sancioná-lo", se assim podemos dizer, ao* inaugurar

a era das formulações "dogmáticas" destinadas a constituir uma apresentação puramente exotérica da doutrina *(nota: ao mesmo tempo, a "conversão" de Constantino implicava o reconhecimento, por um ato de certa forma oficial da autoridade imperial, já que a tradição greco-romana deveria a partir de então ser considerada como extinta, mesmo que naturalmente ainda tenham subsistido por muito tempo restos que só poderiam se degenerar cada vez mais antes de desaparecer definitivamente, e que são aqueles que pouco mais tarde foram designados pelo termo desprezível de "paganismo").*

... Conforme já observamos em outro lugar, a confusão entre estes dois campos (*esotérico e exotérico*) é uma das causas que mais frequentemente dão origem às seitas "heterodoxas", e de fato é possível que, entre as antigas heresias cristãs, exista certo número delas que só tiveram essa origem, *assim pode se explicar melhor as precauções então tomadas para, na medida do possível, evitar essa confusão, e das quais não poderíamos de forma alguma contestar a eficácia a esse respeito, ainda que, sob outro ponto de vista, sejamos tentados a lamentar que elas tivessem tido como efeito secundário trazer para um estudo aprofundado e completo do cristianismo algumas dificuldades quase insuperáveis...*

(Considerações sobre o esoterismo cristão – cap. II "Cristianismo e iniciação")

... Se este foi o caráter dos Templários (o de guardiões da Terra Santa ou do centro supremo, tendo "consciência daquilo que está além de todas as formas, isto é, da doutrina única que é a fonte e a essência de todas as outras, e que não é outra coisa senão a Tradição primordial") [...] a consciência interior da verdadeira unidade doutrinal deveria torná-los capazes de comunicar com os representantes de outras tradições: e é isto o que explica suas relações com algumas organizações orientais e como é natural, sobretudo com aquelas que representavam, aliás, um papel similar ao delas...

(Considerações sobre o esoterismo cristão – cap. III "Os guardiões da Terra Santa")

... mas existiriam muitas outras coisas para se dizer (a respeito dos nove anos de provação dos Templários e da idade simbólica de nove anos e a Vita Nuova *de Dante). Assim, a respeito da residência central dos Templários fixada em Chipre, seria curioso estudar o significado do nome dessa ilha, suas relações com Vênus e o "terceiro céu", o simbolismo do cobre de onde foi tirado o seu nome, tantas coisas que, no momento, só podemos assinalar sem nos determos.*

Nota do mesmo capítulo:
Em relação às Ordens de Cavalaria, digamos que a "Igreja joanita" designa a reunião de todos aqueles que de alguma forma se vinculavam ao que na Idade Média foi chamado o "Reino do Preste João" ao qual fizemos alusão em nosso estudo sobre o "Rei do Mundo".
(Considerações sobre o esoterismo cristão – cap. IV "A linguagem secreta de Dante e dos Fiéis de Amor")

Existia na Idade Média uma expressão em que os dois aspectos complementares da autoridade se encontravam reunidos de uma maneira que é bastante digna de observação: falava-se com frequência, naquela época, de um lugar misterioso que era chamado o "Reino do Preste João". Era a época em que se poderia designar a maneira pela qual a "cobertura exterior" do centro em questão se encontrava em boa parte formada pelos nestorianos (ou o que, certo ou errado, se convencionou chamar assim) e pelos sabeanos; e, justamente, estes últimos davam a si mesmos o nome de "Mendayyeh de Yahia, isto é, "discípulos de João". A este respeito, podemos imediatamente fazer outra observação: é no mínimo curioso que muitos grupos orientais de um caráter bastante fechado, dos ismaelitas ou discípulos do "Velho da Montanha" aos Drusos do Líbano, tenham tomado de maneira uniforme, assim como as Ordens de Cavalaria ocidentais, o título de "guardiões da Terra Santa"... parece que São Ivo encontrou uma palavra mais justa, talvez bem mais do que ele próprio imaginava, quando fala dos "Templários da Agarta". Para que não nos surpreendamos com a expressão "cobertura exterior" que acabamos de empregar, acrescentaremos que é preciso prestar atenção ao fato de que a iniciação cavaleiresca era essencialmente uma iniciação de Kshatriyas; é isto o que explica, entre outras coisas, o papel preponderante que ali representa o simbolismo do amor...

Uma nota do autor sobre esta passagem esclarece:
... Trata-se principalmente do "Preste João", por volta da época de São Luís, nas viagens de Carpins e de Rubruquis. O que complica as coisas é que, segundo alguns, teriam existido até quatro personagens que usavam esse título: no Tibete (ou no Pamir), na Mongólia, na Índia e na Etiópia (aliás, esta última palavra tem um sentido bem vago), mas é provável que se tratasse apenas de diferentes representantes de um mesmo poder. Dizem também que Gêngis Khan quis atacar o reino do Preste João, mas este o expulsou ao desencadear uma tempestade contra seus exércitos. Enfim, desde a época das invasões muçulmanas,

o Preste João teria parado de se manifestar, e ele seria representado exteriormente pelo Dalai Lama.

Foram encontradas na Ásia central, e particularmente na região do Turquestão, cruzes nestorianas que possuem exatamente a mesma forma das cruzes da Cavalaria e, além do mais, algumas delas trazem em seu centro a figura da Suástica. Por outro lado, é preciso observar que os nestorianos, cujas relações com o lamaísmo parecem incontestáveis, tiveram uma ação importante, ainda que bastante enigmática, nos primórdios do Islamismo.

Os sabeanos, por seu lado, exerceram grande influência sobre o mundo árabe nos tempos dos califas de Bagdá; pretende-se também que os últimos neopitagóricos tenham se refugiado entre eles, após uma estadia na Pérsia.

(*O Rei do Mundo* – cap. II "Realeza e Pontificado")

Vemos então se revelar pela confrontação e pela reunião dos textos citados anteriormente alguns pontos-chave que nos limitaremos a colocar lado a lado:
• Templários;
• vínculos entre o Oriente e o Ocidente;
• cristianismo detentor de um esoterismo "pré-constantino";
• antigas "heresias" cristãs e "exoterização" de dados esotéricos;
• residência central dos Templários em Chipre, e importância dessa localização;
• Igreja joanita;
• reino do Preste João – nestorianos e sabeanos;
• Ásia central e mundo árabe do Oriente Médio;
• condenação templária;
• Traços comuns aos Templários, aos fiéis de Amor de Dante e aos maçons, etc.

A esse respeito, não seria conveniente relembrar que certo número de rituais maçônicos fazem alusão a Chipre? É verdade que René Guénon, citando Clavel e sua "história pitoresca da Franco-Maçonaria", e reproduzindo a passagem desse autor em que ele afirma que o famoso Gugomos – de que é questão nas disputas da Estrita Observância na época de Starck – "tinha surgido na Alta Alemanha e se considerava enviado de Chipre por superiores desconhecidos da Santa Sé", René Guénon, portanto, observava que "seria um erro tomar ao pé da letra essa designação de Chipre, pois a alta Maçonaria do século XVIII tinha toda uma geografia convencional sobre a qual tornaremos a falar oportunamente".³⁹ Contudo, é fato que Chipre serve de "lugar simbólico", e que por esta razão a ilha é encarregada de um papel particular.

Para finalizar, vocês nos perdoarão de ter acumulado todas essas citações de Guénon em um capítulo, de todo modo bem curto, e do qual elas constituem, por assim dizer, a substância única.

Substância do ponto de vista da escrita, mas essência quanto às ideias e às nervuras espirituais.

Agora somos nós que devemos descobrir suas aplicações ou verificações históricas.

---

39. *Étude sur la Franc-Maçonnerie et le compagnonnage*, tomo II: "La Stricte observance et les supérieurs inconnus", Éditions Traditionnelles.

Capítulo V

História e Mistérios de Chipre

> *... Eu vou te contar —*
> *pois no decorrer de minha longa vida muito eu aprendi —*
> *uma história bastante conhecida em toda a Ilha de Chipre...*
> (Ovídio, As Metamorfoses, XIV-695)

Para começar, a origem cipriota do santo, suposto patrono da Ordem de Malta em seus primórdios e fundador dos "Kadosch" da Maçonaria Escocesa, a origem idêntica do bispo que preside aos destinos iniciais de outra Ordem cavaleiresca da Terra Santa, a de São Lázaro, nos levam a pensar que a ilha "dos limões amargos, em que as febres frias da Lua trabalham os sombrios globos das frutas", segundo a expressão de Laurence Durrell, foi dotada de um destino tradicional não sem conexão com o da Cavalaria e do esoterismo cristão. Parece-nos útil, portanto, consagrar um estudo aos aspectos insólitos de uma história que nos conduz às raízes das trocas entre o Oriente e o Ocidente, na época das Cruzadas.

Lembremo-nos de que, desde o início do segundo milênio antes de Jesus Cristo, colonos gregos se estabeleciam na ilha, introduzindo sua língua, seus costumes e a instituição de cidades-Estado. Tributária durante um período da Pérsia, mais tarde a ilha fez parte dos impérios ptolomaico e romano e permaneceu, durante nove séculos, província do Império Bizantino – de 330 a 1191 –, isto é, exatamente até a criação de um reino franco.

Mas esses nove séculos foram mais do que suficientes para fornecer à ilha um arcabouço lendário e tradicional pouco comum. Foi lá, com efeito, que Afrodite surgiu das ondas, nessa terra do meio dos mares, célebre na Antiguidade por suas minas de cobre de onde ela extrai o seu nome. Foi lá que se realizou a aliança entre a cor verde – que se torna o sinople heráldico das armas de São Lázaro –, o cobre, a esmeralda (a pedra do Santo Graal), de Vênus, a primavera e as flores de maio... Foi lá que Adônis foi estraçalhado por Hades quando caçava e que as lágrimas de Afrodite deram origem às anêmonas da ilha... Ilha do amor, feudo de Vênus, exaltação do princípio da fecundidade e feminilidade, Cypris se cobre de "bétilos", ainda visíveis perto do rio de Kostitheir e ligados ao culto do touro Apolo, o deus arcaico Apolo-Kypris. Veremos que existem alguns vínculos entre essa localização do Amor e a distante descendência de organizações cavaleirescas cujo título é ainda alusivo à função intelectual do Amor: corte do Amor, fiéis do Amor...

A vocação helenística da ilha se confirma pela escolha feita pelos guerreiros que fogem de Troia, durante a vinda de Eneias para as terras latinas, que marca então a eclosão da tradição greco-latina. Teucro, o irmão de Ajax, é cantado por Eurípedes nos seguintes termos: "o vento que impeliu minha vela para Chipre, no meio do mar onde, como me disse Apolo, eu teria minha morada, eu a nomearei Salamina, como minha ilha, em memória de minha pátria perdida".

Além disso, as primeiras fundações dos aqueus em Eukomi trazem a prova da implantação de colonos gregos, conduzidos por Teucro após a guerra de Troia.

As relações entre a cidade de Paphos, em Chipre, e a deusa do Amor, também são mencionadas por Homero. *A Ilíada* descreve o envio do célebre escudo de bronze de Agamenon por Kiniras ou Ciniro, rei de Palé-Paphos (a antiga Paphos), cidade célebre por seu templo de Astarté e onde a deusa era adorada sob a forma de uma pedra negra, o que não deixa de ter significações simbólicas que merecem outros estudos. É também nessa estrada de Paphos que se ergue o santuário de Apolo.

Ora, eis que curiosamente a ilha por onde transitou a tradição greco-latina servirá mais uma vez de referência com a chegada no Ocidente da tradição cristã em suas origens.

Larnaca, construída sobre a antiga Citium, lugar de nascimento de Zenão, o fundador do estoicismo, possui um túmulo que é considerado como a sepultura de Lázaro, o "ressuscitado", santo patrono da Ordem cavaleiresca de Ramsay e de Maistre, a Ordem de São Lázaro de Jerusalém, fundada pelo bispo de Chipre.

Acredita-se também que Paulo, seu discípulo Barnabé e Marcos teriam, já no ano 45, fundado a Igreja de Chipre, enquanto Tomás evangelizava a Índia, Bartolomeu a Armênia e Matias a Etiópia. Dessa maneira, a pequena cidade de Klima, capital imperial romana da ilha, assistiu à conversão do governador por São Paulo. Barnabé foi lapidado na ilha, no decorrer de sua terceira viagem, e Santo André também teria desembarcado em Chipre. Foi nessa baía de Salamina, baía de Vênus, que São Paulo desembarcou durante seu périplo cristão do Oriente para o Ocidente que relembra o de Eneias.[40] Seu périplo é, aliás, objeto de um ritual da Maçonaria Templária Britânica: *"The Order of Knights hospitaller of St John of Jerusalém, Palestine, Rhodes and Malta, also Knight of Saint-Paul or Mediterranean Pass"*.

O grau maçônico em questão, "resultado de uma sequência em três graus", tem como tema a viagem de São Paulo pelo Mediterrâneo, com a tempestade, o naufrágio, a anedota da víbora e a cura do pai de Publius (Atos 27 e 28). Mas este grau também está relacionado ao estabelecimento de Cruzados na Terra Santa. Cinco estandartes formam o seu ornamento: o de Chipre (1291), vermelho; o da Palestina, branco (1099); este é seguido pelos estandartes de Rodes, negro (1310); o de Candie, púrpura (1523); e o de Malta, ouro (1530)... uma das muitas etapas da Ordem joanita retomada pelo Templarismo maçônico inglês e simbolizada pelo Nascimento, a Vida (assimilada dessa forma a "Chipre" e a Vênus), a Morte, a Ressurreição e a Ascensão de Cristo. Voltando à implantação do cristianismo, é preciso esclarecer que a Igreja insular torna-se autocéfala no Concílio de Éfeso, em 431, que sanciona sua independência. O cristianismo dessa região em breve iria se encontrar no ponto de convergência de múltiplas influências: a do Oriente, a dos Cruzados e a dos Templários.

Dessa maneira, ao mesmo tempo que se vê afirmar a presença franca em Chipre, a Igreja grega e o monaquismo egípcio e copta desenvolvem, ou melhor, manifestam abertamente a corrente hesicasta. O século XIII é particularmente o do florescimento hesicasta bizantino, ao passo que no Oriente Médio e na Ásia Menor, a prece perpétua "do coração" estava em uso desde o século VII. É no começo do século XIV que Gregório Palamas prega com a prece do coração, o conhecimento suprarracional e redescobre o sentido dos termos neotestamentários, já bem enfraquecidos no Ocidente cristão, de *pneuma* = espírito, *psyche* = alma, *soma* = corpo e *sarx* = carne.[41]

---

40. É conhecido o papel de Castor e Polux, na tradição greco-latina, e se observará a esse respeito que Paulo retornará a Roma em um barco de Alexandria que havia passado o inverno na Ilha de Malta, o navio tem como insígnia "Castor e Polux" (Atos 28: 11).

41. Para a distinção a ser feita entre "carne de putrefação", destinada a passar e acabar – como tudo o que tem um início – e a Carne espiritual em Ressurreição e do "Corpo glorioso", a carne da Ressurreição dos Corpos (distinção já feita por São Paulo), ver as doutrinas do islã xiita desenvolvidas pelo professor H. Corbin, *En Islam Iranien*, editado por NRF Gallimard, "Bibliothèque des idées"; voltaremos a isso no final da obra.

Durante o mesmo período Gregório, o Sinaíta, recebe a tradição da prece espiritual e da contemplação durante seu encontro com o Starets Arsênio, que vivia em uma gruta de Creta, e alguns acharam que deveriam localizar esse encontro em Chipre...

Mas o fato é que os séculos de presença franca no Oriente Médio coincidem com o período de transição do hesicasmo sinaítico para o hesicasmo athonista. De fato, essa corrente "intelectiva" (no sentido do "intelectus" extramental) monacal tem, à primeira vista, apenas poucas relações com o cenobitismo cavaleiresco, mas ela se produz no mesmo lugar em que se efetua o encontro entre o Oriente e o Ocidente pelas Ordens cavaleirescas da Terra Santa; eis o que nos interessa e o que justifica que nos detenhamos um pouco. No início das Cruzadas, Simeão, o Novo Teólogo, acaba de morrer: ele era discípulo de Simeão, o Estudita, e higumeno do monastério São Mamas de Constantinopla. O século XIII é iluminado pelo esplendor espiritual do hesicasta Nicéfora, o Solitário; o século XIV vê a dissolução da Ordem do Templo no Ocidente e as peregrinações de Gregório, o Sinaíta, originário da Ásia menor, cujas viagens conduzem a Clazomena, Laodiceia, Chipre e Creta. É então que a tradição hesicasta culmina na altíssima e santa figura de Gregório Palamas, bispo da Tessalônica.

Conhecemos o tipo de luta que irá opor o monge calabrês Barlam "espírito rústico e com algum verniz de filosofia", como o qualifica Jean Gouillard, a Gregório Palamas, mas será que pensamos no fato de que, em primeiro lugar, essa luta testemunha contatos existentes entre as diferentes expressões do cristianismo na época das Cruzadas, e em seguida uma incompreensão própria ao juridismo ocidental a respeito de tudo o que se relaciona com o "Oriente místico"? Não será também o mesmo fenômeno, com duplo aspecto, que detectamos a respeito da Ordem Templária: infusão de uma "dimensão esotérica" herdada das comunidades orientais ao sabor dos contatos quase cotidianos, e incompreensão do Ocidente pronto a condenar como herético tudo o que escapa ao seu horizonte mental?[42]

✠

Contudo a ilha, que já havia atraído em meados do século XIII o alquimista-astrólogo e hebraizante Raymond Lulle, deverá se afirmar como uma terra privilegiada para as organizações cavaleirescas.

---

42. E o famoso Nogaret é justamente um "conselheiro", o tipo exato do "espírito jurista" ocidental precursor de todos os racionalismos dialéticos e de todas as barreiras espirituais.

É no castelo de Limassol que Ricardo Coração de Leão, filho de Leonor de Aquitânia – "A Águia dos dois reinos" – e de Henrique II Plantageneta, se casa com Bérangère de Navarra em 1191. O castelo é provido de uma capela dos Templários, pois estes tiveram ali, assim como os Hospitalários, seu quartel-general após a queda de Acre. Veremos que a ilha adquire uma importância mais particular para a Ordem do Templo, ainda que o Grão-Mestre do Hospital tenha situado o quartel-general de sua comendadoria na torre maciça de Kolossi, pouco tempo depois de sua Ordem ter emigrado para Rodes. Enfim, a grande catedral de Famagusta ainda testemunha a presença dos Lusignan que ali foram coroados...

Sem dúvida não existe lugar da ilha que não possa reivindicar a lembrança de um episódio extraído da mitologia greco-latina ou da história do cristianismo, e ainda que a imperatriz Helena houvesse feito uma doação à Igreja cipriota de um pedaço da verdadeira cruz, a lenda atribuiria a construção da igreja de Theokepasti aos anjos maçons, representantes do grande arquiteto celeste... uma referência bastante curiosa.

Contudo, foi a chegada de Ricardo Coração de Leão que revelou o fato mais interessante para nós: a implantação templária.

Esse herói de extraordinária bravura ali desembarca, ao acaso de uma tempestade, e então, diante da hostilidade dos bizantinos detentores da ilha, ele se apossa de Chipre depois de ter feito prisioneiro Isaac Comnène, no final de maio de 1191, com a ajuda de Guido de Lusignan. Será Ricardo quem venderá a ilha a seu amigo, o Grão-Mestre do Templo Robert de Sablé.

Nós assistimos em seguida a uma série de devoluções da ilha. A Ordem do Templo a revende ao rei, que a doa a Guido de Lusignan, que se torna rei de Jerusalém após seu casamento com Sibila, irmã de Balduíno IV. Finalmente a Ilha de Vênus acaba nas mãos de Amauri, irmão de Guido de Lusignan.

De fato, a coroa cipriota dos Lusignan deveria se fundir com a de Jerusalém. Amauri de Chipre, tendo se casado com Isabela, viúva de um primeiro casamento com Conrado de Montferrat e de um segundo com Henry de Champagne, também tomava o título de Amauri II de Jerusalém; como observa Grousset, "com a designação real de seu marido pelos 'barões sírios', Isabela tinha assegurado sucessivamente três legitimidades monárquicas hierosolimitanas".

Todavia, com a morte de Amauri no início do século XIII, os dois reinos novamente se separam, e a coroa de Chipre retorna a Hugo I de Lusignan.

Durante a minoridade do jovem rei de Lusignan, a regência da ilha cabe a João de Ibelin, barão sírio originário de Chartres, senhor de Beirute e ao qual a crônica reconhece uma perfeita retidão cavaleiresca.

É então que ocorre um fato que ao mesmo tempo ressalta a atração que a ilha continua exercendo sobre as ordens cavaleirescas presentes na Terra Santa e a rivalidade destas últimas, fato que poderia ter modificado o curso da história.

A ilha era cobiçada por Frederico II. Durante o famoso "almoço de Limassol" em 1228, a traição do imperador, longamente relatada na crônica da época, termina com um fracasso diante da firmeza de João de Ibelin, que só prestaria contas de sua gestão diante da corte de Chipre em Nicósia. Chipre continua assim com os Lusignan. Frederico II se deparara com a tripla hostilidade da nobreza franca de Chipre e da Síria, dos Hospitalários de São João e da Ordem do Templo na pessoa de seu Grão-Mestre Pierre de Montaigu. É bem verdade que após a partida do imperador, os imperiais tentaram mais uma vez atacar a ilha, mas João de Ibelin permaneceu senhor da situação, esmagando o marechal do império Ricardo Filanghieri. A coroa da ilha pertencia novamente a Henrique de Lusignan, sobrinho de João de Ibelin, o qual recebeu em Nicósia o rei da França Luís IX, acompanhado dos Cruzados franceses, da Cavalaria cipriota, síria e da Cavalaria inglesa de Guillaume de Salisbury.

Os Templários estavam unidos a João de Ibelin e esse fato não pode ser indiferente às calúnias proferidas pelo imperador à custa do Templo, calúnias que infelizmente serão retomadas no processo da Ordem mártir.

Essa luta entre o imperador e os Templários poderia explicar a ausência dos teutônicos na ilha que não lhes serviu de lugar de refúgio na queda do reino da Síria. Presos entre sua fraternidade com o Templo e seus vínculos com os imperiais germânicos, eles se retiraram para Veneza, e depois para Marburg. Para finalizar, João de Ibelin solicitou sua admissão na Ordem do Templo e morreu entre os Templários, que dispunham na ilha de poderes bem maiores do que os Hospitalários. Estes, no entanto, permaneceram ali por muito tempo com suas comendadorias de Limassol e de Kolossi.

O quartel-general do Templo estava situado em Limassol, e os Templários deixaram seu nome no vinho de Engadine, sucessivamente nomeado "vinhos dos Templários", e depois "vinhos dos Hospitalários", bebida cuja excelência o monge Étienne de Lusignan louvará nos seguintes termos: "o que confirmam São Bernardo, São Tomás de Aquino, São Gregório, São Hilário, arcebispo de Chipre, quando interpretam este texto do Cântico dos cânticos *Botrus cypri dilectus meus in vinea Engadi*, pois, de acordo com a opinião, foi dito que Salomão tinha plantado em seu jardim algumas vinhas que ele trouxera de Chipre"... Detalhe simplesmente pitoresco, a menos que se deva ver aí uma curiosa coincidência entre o livro místico, o vinho, símbolo do Conhecimento,[43] a Ordem do Templo, filha de São Bernardo, e a ilha de Chipre!

De fato a presença templária em Chipre é interessante por mais de uma razão. Ela permitiu um estreito contato com a comunidade religiosa e cavaleiresca oriental, especialmente a da etnia armênia monofisista ligada às dinastias francas pelo casamento. Teremos a ocasião de ver, em outro capítulo, tudo o que o vínculo armênio-franco pode trazer para as organizações cavaleirescas nos campos que nos interessam.

Lembremo-nos ainda de que o rei de Chipre, Henri le Gros, neto de Hugo VIII de Lusignan, conde de La Marche, tinha se casado em primeiras bodas com Estefânia, irmã de Hetum I, rei da Armênia. Amauri, como já vimos, era o esposo de Isabel, filha de Leão III da Armênia, cujo neto Leão VI (filho de João) – o último rei da Armênia – deveria morrer em Paris em 1393.

As mesmas alianças são também encontradas entre os Ibelin, protetores dos Templários. João de Ibelin, conde de Jafa, casa-se com Maria, irmã de Hetum I, e a neta de João se tornará a mulher do rei da Armênia, Simpad. Enfim, Guido, filho de Balduíno de Chipre e neto de João de Ibelin, senhor de Beirute, casa-se com Maria, filha de Hetum I.

Os vínculos entre os Lusignan e os armênios estão de fato solidamente estabelecidos. Leão I, o Magnífico, primeiro rei de Cilícia, se casará pela segunda vez com Sibila, filha de Amauri de Lusignan e Isabela, a filha deles e herdeira do trono real, se tornará a esposa de Felipe de Antioquia, que obtém a sucessão do reino da Armênia. O próprio Felipe era filho de Boemondo IV de Antioquia, e bisneto de Raymond de Poitiers, nascido em 1100, em Toulouse.

Em 1342, Guido de Lusignan, sobrinho de Henrique II, rei de Chipre e filho de Amauri de Lusignan, príncipe de Tiro, será chamado para

---

43. Lembremo-nos da equivalência hebraica entre o Segredo: Sod de valor 70 e o Vin: Ayin, de mesmo valor matemático e aquilo que René Guénon escreveu a respeito da expressão popular "beber como um Templário"...

o trono da pequena Armênia; ele era o neto de Isabeau, filha de Leão II da Armênia.

Sem dúvida as relações entre Templários e herdeiros dos Lusignan não foram tão tranquilas assim! Mas as bases templárias de Chipre permanecem bastante firmes apesar das lutas com os Lusignan. Por isso, Aroux, em sua análise do capítulo XIX do *Paraíso*, escreverá, com esse ardor antitemplário característico de sua hostilidade por Dante: "Se quisermos saber por que o rei de Chipre, principalmente Hervé de Lusignan, é tratado como um idiota "em nada diferindo dos outros idiotas coroados" e por que são mencionadas, no final do seu manifesto contra os reis, as duas cidades de Famagusta e de Nicósia entregues à desolação, ficaremos completamente satisfeitos a esse respeito com a carta enviada pelo papa Clemente V, em VIII das calendas de setembro, ano 6 de seu pontificado – em 1311 – ao rei de Chipre, bem como aos bispos de Famagusta e de Nicósia, para que eles pudessem iniciar a tortura dos Cavaleiros do Templo, encarregando o legado em missão em Rodes de passar novamente pela Ilha de Chipre para velar pela execução de suas ordens".[44] "A justiça exigia, ali estava dito, que para obter dos Templários, mais rápida e claramente a verdade, um, dois, três, quatro, cinco e seis fossem submetidos a vários suplícios e depois entregues às torturas. Contudo, os bispos delegados imprudentemente negligenciaram esses meios. Nós lhes ordenamos que empregassem expressamente contra os Cavaleiros o gênero de tortura conveniente para conduzir, de forma mais rápida e plena, à verdade. Os cânones exigiam que, em semelhantes circunstâncias, as pessoas que demonstram indícios tão evidentes e presunções tão fortes sejam entregues aos carrascos dos tribunais eclesiásticos." Aroux se refere, por meio dessa citação, aos Arquivos Secretos do Vaticano.[45] A ilha tinha uma importância capital para a Ordem do Templo.

Portanto, é com razão que René Guénon irá situar em Chipre a residência central dos Templários, que dispunham no Oriente Médio das praças fortes de Tortosa, Beaufort, Safed, mas também, em Chipre, de Kolossi, sua comendadoria principal. Como já vimos, ali se encontravam igualmente os Hospitalários, e sabemos que a caverna Troo-dos

---

44. Aroux, *Dante hérétique révolutionnaire et socialiste*. Teremos a ocasião, em uma ou várias futuras obras, de observar os erros "passionais" de Aroux ou de situar a interpretação a ser dada a esses seus esclarecimentos muitas vezes bem curiosos. Indicaremos também a opinião de R. Guénon sobre as teses de Aroux.

45. (*Registrum litt. Clementes papae V*). Na época do processo, os Hospitalários estavam reunidos em Chipre; os Templários foram massacrados pela população, mas alguns deles conseguiram entrar para os Hospitalários, como Élizieu Mondragon.

era, de acordo com a lenda, o lugar de repouso do corpo adormecido do cavaleiro Tannhäuser...

É então compreensível que Valli tenha podido escrever sobre a frase "Francesco e Rodico" do "soneto" de Cecco para Dante: "esta frase é muito obscura, e sem dúvida quer indicar em Francisco e Rodico duas coisas opostas e em lutas entre elas. Para mim, a alusão visa à luta entre franceses (a França de Felipe, o Belo) e alguém que, na realidade, não era Rodico, nem residia propriamente falando em Rodes, mas muito perto de Rodes e que teria sido perigoso nomear, isto é, que residia em Chipre e era da Ordem dos Templários".[46]

A questão é bastante importante, pois a iniciação cavaleiresca está estreitamente vinculada ao Amor e à Corte do Amor que nascerão na França na mesma época. É sem dúvida a isso que faz alusão o amigo dos Templários, Boccaccio, quando ele narra a história de um poeta da família de Dante, retomado pelo amor de sua dama quando ouviu "cantar em Chipre uma canção que outrora ele compusera em sua honra".[47]

Ora, é também a "Regina Alienora" que é uma das quatro damas (entre as quais Marie de Champagne, cujo papel nas Cortes do Amor é conhecido) mencionada no *Liber de Arte Amandis et de reprobatione amoris*, composto no final do século XII por André, o capelão da rainha, e que define sua obra da seguinte maneira: *"qui liber alio nomine dicitur flos amoris"*. Por outro lado, esse nome "flor do Amor constitui um sinal de reconhecimento muito utilizado[48] pelos *fideli d'Amore* italianos do século XIII.

Mas Leonor, a mesma que os trovadores chamavam "flor de maio" (o mês de Vênus e de Chipre), ou "A Águia dos dois reinos", era a mãe de Ricardo Coração de Leão; ela foi a castelã do palácio de Famagusta, cidade onde, na catedral de São Nicolau, foram sagrados os reis de Jerusalém e os reis de Chipre, após a queda de Jerusalém. Portanto, pode-se escrever com justa razão que a história de Chipre se enquadra, durante as Cruzadas, entre duas mulheres com destinos misteriosos: a fada Melusina, que dá seu nome de origem aos Lusignan, e Leonor de Aquitânia, que também poderia ser a mensageira entre a Cavalaria de Amor, o Templarismo e as cortes do amor e servir de protetora, consciente ou não, a semelhante esoterismo cristão herdeiro do Oriente e implantado em Chipre. Voltaremos a essa questão.

---

46. Luigi Valli, *Le Langage secret de Dante*, tomo II; cf. o estudo de L. F. Berger em *Le Symbolisme*, nº 391 de outubro-dezembro 1971: "Fidèles d'amours, Templiers et chevaliers du Graal".
47. *Ibid.*
48. *Ibid.*

Antes de livrar as vias do contato entre o Oriente e o Ocidente da mata fechada da história, citaremos uma passagem curiosa de Lawrence Durrell:[49] "Em Chipre mais do que em outro lugar, tem-se o sentimento de que o cristianismo não passa de um brilhante mosaico de meias verdades. Talvez ele esteja baseado em uma falsa interpretação erudita da mensagem original trazida do Oriente pelos longos barcos de Asoka... E então durante um curto período, a Ordem dos Templários foi iluminada pela luz da mensagem, sua apostasia é um de seus episódios mais fascinantes. Por que estranho acaso isso aconteceu em Chipre? Que vínculos novos esses homens de ferro tinham estabelecido entre esses templos desertos e esses santuários abandonados? Tudo o que sabemos é que eles foram acusados de se terem influenciado pelos Ritos e pelas superstições orientais... Mas há no livro de M. Lewis uma interessante e altamente sugestiva passagem que me vem à mente: 'Paphos' também é chamada Baffo, e outrora a adoração era paga com uma pedra, que alguns historiadores romanos chamavam 'meta', ou pedra de mó, pois tinha essa forma... Os Templários foram acusados de adorar um ídolo, que eles próprios chamavam 'Baffometus'; muitas e extravagantes hipóteses foram feitas para explicar esse nome... Mas e se ele significasse simplesmente 'a pedra de Paphos'? Os templários tinham seu quartel-general a menos de um dia de 'Baffo'. E se essa pedra fosse justamente o onfalo negro descoberto mais tarde (que talvez seja essa mesma pedra que atualmente pode ser vista no Museu de Nicósia, recoberta de pó), testemunho secreto de uma fé que não tem mais o poder de nos emocionar?".

São muitos os "se" e não compartilhamos as opiniões desse escritor sobre o Cristianismo. Ocorre que a observação evidencia a importância do Templo em Chipre e a sua importância nas trocas com o Oriente; compreendemos que o autor tenha valorizado em seu livro a seguinte passagem: "todo povo que deseja conquistar o Ocidente deve partir de Chipre. Foi isso o que fizeram Sargão, Ptolomeu, Ciro e Haroun-el-Rachid".[50]

Os Templários teriam sido em Chipre os infelizes intérpretes do Oriente? É o que sugere Aroux, sempre tendo como alvo Dante, o herdeiro do Templo, de quem ele analisa a "canzone" *donne intorno al cor mi son venute* de tal maneira que a imaginação corajosamente o conduz para longe do real: "É do Oriente que vem Lucia ou a Luz, e não há

---
49. Lawrence Durrell, *Bitter Lemmons*, ed. Buchet-Chastel, tradução de Roger Giroux.
50. *British Cyprus*, W. Hepworth, Dixon, 1887.

como duvidar disso segundo sua declaração (a do Poeta); foi lá que a gnose, a Cabala e todo o sincretismo alexandrino tiveram sua origem: foi nas margens do Nilo que os Cavaleiros do Templo foram iniciados pelos sacerdotes coptas, diz a tradição maçônica, nos mistérios que levaram para a Europa, e cujo santuário ainda é chamado Grande-Oriente. Portanto é bem natural que Lucia diga ter engendrado nessas paragens uma religião, e que ela a apresente sob os traços de uma bela pessoa branca, para indicar que os primeiros adeptos no Ocidente pertenciam à raça dos francos, e Beatriz é realmente a filha legítima dessa religião, ou melhor, dessa seita personificada, mirando-se na fonte da verdadeira doutrina da qual ela tinha emanado". Dessas fantasias reteremos apenas alguns pontos mais concretos, conhecer as relações entre Templários e "Coptas", pois elas poderiam muito bem nos reconduzir a Chipre e nos permitir saber por quem se efetuou o encontro entre Oriente e o Ocidente no momento das Cruzadas e o que isso pôde resultar em matéria de tradição.

Aliás, Aroux não se limita a estigmatizar, por intermédio de Dante, a doutrina que acredita poder atribuir ao Templo; ele também ataca a explicação que Dante oferece das "palmeiras" em a *Vita Nuova* e vê nessas, os "peregrinos" "da Síria, palmitos, palmeiras" que ajudam a multiplicar a doutrina oriental; de fato, é essa frase do Florentino que desencadeia as intransigentes críticas de Aroux: "A raiz da linhagem humana foi plantada primeiramente nas regiões do Oriente, e depois nossa raça se espalhou produzindo em ambos os lados filhos variados, Palmitos, e ela atingiu o Ocidente, de onde resultou que bocas matassem sua sede pela primeira vez nos rios da Europa, em pelo menos alguns deles, ou talvez em todos. Mas, seja porque fossem estrangeiros que ali chegavam pela primeira vez, seja porque nasceram na Europa, para lá eles retornavam e levaram com eles a tripla linguagem".

Finalmente, trata-se aqui realmente de uma fonte oriental, e depois de um encontro entre Oriente-Ocidente, cuja consequência ou característica é o uso de uma tripla língua, ou de um triplo sentido e, naturalmente, de uma compreensão reservada àqueles que possuem as chaves da tripla linguagem. Aliás, é essa compreensão que faz a unidade entre os orientais e os ocidentais, e ela está vinculada à interpretação simbólica, isto é, ao uso do esoterismo.

Evidentemente essa é uma língua muito especial e única e está recoberta por essa "eloquência" do sagrado. Essa língua também não seria a língua das cortes do Amor, língua do divino, e do mistério das letras? Não podemos deixar de pensar na "língua dos pássaros", e René

Guénon esclarece: "Nos diversos poemas e fábulas, a 'Corte do Amor' é descrita como um lugar inteiramente composto de pássaros, onde cada um deles toma a palavra". "Língua dos pássaros cujo conhecimento é pré-requisito para uma alta iniciação" e à qual alude o Corão: "... e Salomão foi o herdeiro de Davi, e ele disse: 'Ó homens, fomos instruídos na linguagem de pássaros' e à qual é preciso vincular as técnicas rituais referentes aos modos encantatórios ritmados e as fórmulas, hinos, cuja repetição tem como objetivo produzir uma "harmonização dos diversos elementos do ser" abrindo uma comunicação com os estados superiores do ser ou angélicos; ela diz respeito ao canto, e à versificação, à língua ritmada, e podemos chamá-la a "linguagem angélica".

Podemos reconhecer aqui o método das "Cortes do Amor" e do "trobar clus"; ora, o canto nos transporta novamente a Chipre e ao canto pelo amor de uma dama, de que Boccaccio se fez o eco. O pássaro iniciador do canto é o rouxinol, mensageiro da Corte do Amor e guardião do jardim onde penetram "Florêncio e Branca flor", o pássaro que examina o sinal de reconhecimento ou "selo do Amor" usado pelas damas. É o pássaro designado para guardar as Rosas aonde vive o Amor... A língua dos pássaros é também a invocação do Nome divino na língua sagrada segundo uma técnica rítmica e numeral adaptada à tradição de referência, e é um segredo "operativo".

Capítulo VI

Língua Siríaca
e Comunidades Cristãs do Oriente

Houve certamente um centro espiritual na Etiópia, mas eu me pergunto o que ainda pode subsistir nas atuais circunstâncias; se alguma coisa ainda permanece, deve estar mais escondida do que nunca, que é o que sempre acontece diante da invasão das ideias ocidentais... certamente havia nesta (a Igreja da Etiópia) também uma tradição esotérica, mas parece que ela está apenas em posse de alguns monges que vivem em um convento perto do Mar Vermelho e que se recusam absolutamente a admitir quem quer que seja entre eles, de forma que ela desaparecerá com o último deles...
(Carta de René Guénon ao autor, 29 de setembro de 1948)

A "Língua dos Pássaros" é às vezes denominada a *loghah sûryânuyah,* língua siríaca. Ainda que o termo não tenha um significado propriamente geográfico, tem mesmo assim um relativo valor indicativo: o de uma região ou de uma língua que deu ao mundo cristão alguns elementos-chave de seu esoterismo, entre os quais, por exemplo, a história dos sete dormentes, surgida a partir de um texto siríaco do século V citado por Denys de Tell Mahra e introduzido na Gália por Gregório de Tours graças a um tradutor "sírio".

Jacques de Saroudj, no século VI, relata, em siríaco, a história dos sete dormentes, ela própria portadora da doutrina da Ressurreição. Sabe-se que a mesma lenda, que também chegou ao islã, foi objeto de comentários esotéricos bastante precisos, principalmente entre os ismaelitas, e ligados aos valores numéricos dos números 3, 5 e 7, que designam o cão de Ali.

A lenda tem relação com a noção do "sono das almas", própria à Igreja nestoriana, e cujo desenvolvimento encontraremos no xiismo iraniano e em sua teoria dos "Jismas". O teólogo nestoriano Babai, no século VI, apoiava exatamente essa noção de sono das almas, por meio do comentário da lenda dos dormentes que, por um lado, inspira uma surata do Corão e, por outro lado, encontra sua festa litúrgica tanto nos calendários ortodoxos e latinos quanto nos calendários armênio, copta, abissínio, maronita ou mozárabe.

De fato, como observou Massignon, existia, desde o século VI, em Éfeso, um túmulo dos sete dormentes que era tão visitado quanto a basílica de São João e a de Théotokos. A igreja era a primeira das sete igrejas da Ásia, e o túmulo de Madalena se situava na entrada da caverna dos sete dormentes. Observemos que esse sono "milagroso" é relatado em inúmeras tradições e que, às vezes, é relacionado... ao "canto dos pássaros", o que leva a pensar na linguagem dos pássaros e na Corte do Amor. De todo modo, esta lenda é, como já escrevemos, representativa da doutrina da ressurreição e estava disseminada no nestorianismo, em Tor Andrae, o sábio da Pérsia, e em Babai, o Grande. Este ensinava que a alma era colocada em uma espécie de vida póstuma desacelerada, inconsciência anímica entre a morte e a ressurreição, e povoada de sonhos que refletem as qualidades da vida anterior... Sem dúvida existe certa homogeneidade entre esta doutrina e a do xiismo iraniano sobre o mesmo assunto;[51] mas é bom observar que a atmosfera geográfica do xiismo muçulmano, do masdeísmo e do nestorianismo médio-oriental é quase a mesma, e de tal forma que se poderia pensar nas emergências tradicionais que parecem ter escapado aos pesquisadores, e que estão diretamente vinculadas à transmissão de um esoterismo cristão, ele próprio oriundo da antiga Igreja nestoriana e comunicado aos Templários no decorrer de suas relações com o mundo "médio-oriental sírio". A palavra "sírio" estendendo-se ao mundo monofisista em contato com o cristianismo nestoriano, a despeito das divergências conciliares entre monofisismo e nestorianismo. Voltaremos a isso nos próximos capítulos.

Na surata "Al Khaf", os sete dormentes são acompanhados de um misterioso "ar Raqîm" e de um cão. O primeiro, às vezes foi considerado a denominação de um lugar, de um cão, ou cinocéfalo, e até mesmo de uma tábua relatando a história dos sete dormentes. Mas o curioso é que às vezes "Fátima" é simbolizada por Raqîm, e o "jafr" de Fátima, segundo Massignon, traz o nome dos sete imames dos ismaelitas, o que nos reconduz às mesmas regiões, ao mesmo esoterismo e ao mesmo tipo relacional étnico-religioso médio-oriental.

---

51. Cf. os trabalhos de Henri Corbin, principalmente *Terre Céleste et Corps de réssurrection: de l'islam mazdéen à l'Iran shî'ite*, ed. Buchet-Chastel, Paris, 1961.

Nessas tradições, o nome iniciático de Fátima (Fatma) vale 290, número de Miriam (Maria); quanto ao sono de Fátima, ele deve durar 309 anos, número das letras árabes *Ta-sin*, elas próprias formando o inverso de *Shay-Tan* (ou *shin-Tav* em hebreu).

Esse intercâmbio entre o *Sin* e o *Shin* evoca a história do *Shiboleth* bíblico, retomada nos rituais do Companheirismo Maçônico por ocasião do Rito da "Passagem, e a inversão da palavra acaba evocando o *mutans Haevae nomem* dos antigos contos mariais latinos.

Mas, voltando ao nosso assunto, convém reter que existe uma espécie de veia siríaca alimentando, até a época das Cruzadas, o cristianismo oriental monofisista armênio e copta (ou *cophta* para retomar a linguagem de Aroux), como também o cristianismo oriental nestoriano. Para esse mundo, a língua "siríaca" fornece inúmeras lendas com caráter doutrinal, como a dos sete dormentes ou como a lenda relatada em um apócrifo do século VI que louva o papel de Melquisedeque levando ao gólgota o ouro, a mirra e o incenso paradisíacos...[52]

No mais, a filiação dos heróis, dos personagens misteriosos e das histórias "míticas" à Sagrada Escritura era o método exegético habitual dos cristãos de língua siríaca. O mesmo acontecia com a famosa carta de Abgar, rei da Armênia, que é tratada por Moïse Khorène, e com a representação dos reis dos tangut e dos uigur como descendentes dos Reis Magos, segundo a lenda mongol do Preste João. Esse método supunha certa facilidade na compreensão do simbolismo e no uso das "três línguas". Também é nesse espírito que um anônimo nestoriano do século VII aproximará a *qouba* siríaca – o "lugar" – à *Caaba* muçulmana.[53]

Tipos de igrejas armênias

A arquitetura armênia apresenta entre outras particularidades a de uma "centragem" muito acentuada. A noção de "centro" é essencial tanto em matéria de edificação quanto em matéria de "deificação".

Lembremo-nos de que a esse respeito encontramos nas liturgias médio-orientais, armênia, maronita, copta, etc., uma alusão "gestual" bastante significativa do "retorno ao centro". Trata-se de um sinal da cruz efetuado pelos fiéis e que toca não apenas os quatro pontos do corpo (cabeça, peito e os dois ombros) como entre os latinos, mas se termina em um quinto ponto, no centro do peito. O retorno ao centro coincide com o pronunciamento do *Amem* final.

---

52. Cf. *La Caverne au Trésor des écrits syriaques*.
53. Cf. F. Nau, *Les Arabes chrétiens de Mésopotamie et de Syrie*, Anais do Museu Guimet.

Observaremos de passagem a correspondência entre o centro do edifício, a pedra angular "solar", o valor também "solar" da palavra hebraica *Amem* = 91 = 9 + 1 = 10 =1 e a localização da quintessência do sinal da cruz no centro do quaternário dessa cruz traçada sobre o corpo, isto é, nos limites do plexo solar.

Consultar para os modelos e representações de igrejas e monastérios armênios:

• *Documenti di Architettura Armenia* (Departamento de Arquitetura da Universidade Politécnica de Milão. Textos do Instituto de Ciências da Armênia Soviética. Editora Ares, Milão);

• *Architectural Monuments in the Soviet Republic of Armênia* (by S. Mnatzakanyan and N. Stepanyan, editora Aurora Art, Leningrado).

Temos, portanto, o direito de nos perguntar se o "siríaco" não designaria a língua dos pássaros, transmissora de doutrinas esotéricas – indo do cristianismo primitivo às comunidades médio-orientais? As mesmas doutrinas de cujo contato Cruzados e Templários não podiam se esquivar...

Se quisermos mensurar o grau de parentesco entre certas coisas, por que não estabelecer uma correspondência entre a "tripla língua", o canto dos pássaros, a linguagem encantatória divina e essa "lenda" da Igreja copta monofisista que atribui a três pássaros paradisíacos o ensinamento dado ao diácono de Axum,* Yared, redator dos hinos da Igreja etíope? Os pássaros o levaram, por meio de um encantamento, ao seio da Jerusalém celeste. Ali, Yared recebeu a doutrina dos 24 anciãos e o ensinamento dos modos do canto sagrado, = o gueze* grave – para o pai –, o modo "ezel" – melancólico – para o filho, e o modo "araraí" – mais leve e florido – para o Espírito Santo.[54] Acontece que Yared se inspira, justamente, na poesia religiosa copta e síria...

Então por que se surpreender com o fato de que os monges guerreiros Templários, mais abertos às perspectivas "esotéricas", tenham encontrado no "Oriente" – e veremos por que razões Chipre é a esse respeito uma terra privilegiada – vestígios do antigo Cristianismo, e tenham descoberto ali, entre outras coisas, elementos do Cristianismo galo-hispano, ainda em uso na Igreja romana do século XII? Assim, o

---

* N.T.: Axum foi um reino africano que por volta do século I se tornou conhecido pelos povos da região, incluindo o Mediterrâneo. A cidade de Aksum, na atual Etiópia, era a sua capital.

** N.T.: O gueze (ge'es ou ghées), uma das três línguas etíope-semíticas do norte, era a língua literária da Igreja etíope desde o século IV da Era Cristã e sobreviveu como tal até hoje, conservando intactas suas formas originais.

54. Cf. *Synaxaire éthiopien.*

Igreja de Echmiadzine, antiga capital da Armênia, construída no ano 630.

Igreja Santo Hripsimé (Echmiadzine).

Monastério Haïrivank.

altar na concha da abside virada para o Oriente já tinha desaparecido, exceto na Espanha, mas ainda existia no Oriente Médio, assim como a cruz em forma de tau.

A liturgia siríaca era, por sua vez, bastante próxima da antiga liturgia galo-hispano e mozárabe que, formulada no século IV, rapidamente desaparecera do mundo ocidental (o basileus* tinha reunido durante um ano sob seu cetro o Oriente Médio, o Egito, a África do Norte, a Itália e a Espanha).

Havia, nessas liturgias orientais em uso em Chipre durante a presença templária, um bom número de elementos inspirados pela liturgia síria, e também um culto angélico e uma teofania semelhante à gnose ou à angelologia judaica. Elas insistiam no papel memorial da Ceia, no conhecimento de Deus pelo Anjo da Face, o Metatron do Zohar; elas tornavam "Deus presente localmente" salvaguardando sua transcendência como escreveu o padre Bouyer. Ora, essa teofania angélica, mediadora entre o céu e a terra, caracterizava precisamente as liturgias nestorianas de língua siríaca, copta e etíope[55] e isso merece ser ressaltado na sequência de nossa pesquisa.

Talvez se alegue que existiam divergências aparentemente irredutíveis entre nestorianismo e monofisismo. Mas essas irredutibilidades se prendiam mais à formulação externa da doutrina – primeiramente transmitida verbalmente – e que, ao se exteriorizar, tinha se fragmentado em aspectos rígidos e antitéticos, do que a uma oposição fundamental do sentido profundo.

A heresia, de que estavam repletos esses aspectos setoriais da doutrina exteriorizada, definitivamente era apenas um tributo da vulgarização, quando a incompreensão o disputava ao formalismo literal. A qualificação de heresia, de um lado traduzia o triunfo, às vezes provisório, de uma escola – e sabemos que existiram tantas confusões nesse campo, durante os sete primeiros grandes concílios, que se chegou a condenar algumas teses que ocultavam o contrário daquilo que se considerava dever condenar –, e, por outro lado, se revelava como uma maneira bastante cômoda e passional de se livrar dos problemas colocados!

O mesmo acontece durante as formulações dogmáticas que se iniciam sob o reinado de Constantino e que trazem, segundo René Guénon,[56] a prova de uma mudança na história do Cristianismo.

---

* N. T.: Basileu significa "rei" em grego. Era o título dado aos imperadores bizantinos.
55. Cf. *Eastern Liturgies*, Brightman-Oxford (1880).
56. Cf. *Aperçus sur l'ésotérisme chrétien*, Editions Traditionnelles, 1954.

Passa-se de um estado de compreensão imediata àquele que necessita da "definição", e consequentemente da "exclusão"; o que era perspectiva esotérica torna-se, ao se manifestar e ao se destacar de outras perspectivas complementares, "porção" de verdade, de Igreja, portanto, heresia. Este é o destino de todo esoterismo que "se exoteriza". O fenômeno é posterior a uma perda de apropriação doutrinal, salvo se ele corresponder a um sacrifício caritativo em proveito de uma comunidade humana desprovida de base tradicional.

Aliás, não é impossível que um acontecimento análogo se tenha produzido nos séculos que se seguiram aos contatos entre Templários e Orientais e que alguns conceitos doutrinais, já comuns entre os soldados do Templo menos aptos à recepção "qualitativa" da espiritualidade, tenham caído no nível das afirmações mais grosseiras, desviantes e condenáveis pela ortodoxia.

Também é necessário esclarecer em relação à "homogeneidade" nestoriana e monofisista durante a presença templária na Terra Santa que, apesar das divergências conciliares, vários pontos comuns uniam as Igrejas oriundas dessas duas correntes; assim a conservação de elementos bastante antigos do primeiro Cristianismo, protegidos pelo isolamento geográfico, os parentescos litúrgicos, o "reservatório" siríaco, e enfim a interferência geográfica e racial. Acrescentemos a isso que os grandes debates conciliares há muito estavam ultrapassados, que necessariamente eles não tinham afetado as comunidades locais, mais ocupadas com a via espiritual e material do que com as lutas dogmáticas – mais ou menos inspiradas na origem pelo imperialismo bizantino. Compreende-se, portanto, que trocas tenham acontecido, e em todos os planos, entre adeptos de Igrejas rapidamente classificadas em um ou outro dos ramos contrários ao cristianismo dito "herético".

✠

Chipre, este bastião da Ordem Templária, era o lugar de implantação das comunidades monofisistas e nestorianas, e ainda que o exército franco não mantivesse relações amenas com o mundo ortodoxo, ele respeitava os habitantes nestorianos, sírios, armênios e coptas.

E não existiam, somente em Nicósia, uma catedral armênia, uma igreja maronita, uma nestoriana, uma núbia, uma indiana e uma catedral dos coptas?...

Famagusta contava com inúmeras igrejas nestorianas, e os Templários e os Hospitalários dispunham nessa cidade de uma capela dependente da igreja Santo Antonio. Que contatos se estabeleceram nesse cruzamento entre a Europa e o Oriente, a Ásia Menor, a Síria e o Egito?

Os monges etíopes não deixaram de se mesclar aos coptas, que dirigiram, por volta do século XIV, o monastério de Santo Antonio de Famagusta e mantinham relações com os latinos da ilha. Quanto aos armênios monofisistas, eles estabeleceram estreitas e amigáveis relações com os Cavaleiros do Ocidente, enquanto se fortaleciam seus vínculos com o monaquismo etíope.

Os religiosos etíopes efetuavam inúmeras viagens para a Armênia. No início do século XIV, Eustathéos, o santo etíope, se formava no célebre convento de Dabra Maryam depois de ter vivido por muito tempo entre os monges coptas abissínios em Jerusalém e em Chipre. Ele também se dirigiria, em 1340, para a Armênia, região que, como tão bem demonstrou Jean Doresse, "era então uma das principais intermediárias entre os religiosos etíopes e o mundo latino".[57]

Quem poderia negar a eventualidade de trocas espirituais nesse mundo religioso e militar da Cruzada? Até a queda de São João de Acre, em 1291, dominicanos, franciscanos e etíopes coptas não deixaram de se comunicar na Terra Santa. Confrontações do mesmo tipo aconteceram no seio das confrarias de pedreiros, entre os construtores armênios e seus irmãos latinos que gravitavam em torno da Ordem do Templo, principal responsável pelas obras em Chipre e no Mediterrâneo. O mesmo ocorria no interior das organizações de Cavalaria na Armênia e no reino franco. A Cavalaria armênia se alimentava nas fontes lendárias extraídas do fundo literário copta abissínio ou nestoriano-mongol, graças às cadeias siríacas.

Encontramos ainda um traço documentário do papel "mercurial" armênio nesta curiosa *Flor das Histórias da Terra do Oriente,* escrita em 1307 pelo cônego Premontré Hetum, primo do rei Leão III da Armênia, e que engaja o papa a empreender uma cruzada com o rei dos núbios etíopes "convertidos à fé de Cristo pelo apóstolo São Tomás". Será que ele não está sugerindo, além do mais, que as cartas do papa ao rei etíope "poderiam ser enviadas ao rei da Armênia, que as mandaria traduzir em sua linguagem e as transmitiria a ele por bons mensageiros"?

Damo-nos conta do papel que irá representar nesse encontro entre o Oriente e o Ocidente, o monofisismo instalado na Síria, Mesopotâmia, Egito, Armênia e Etiópia, na medida em que é preciso levar em

---

57. J. Doresse, *L'Empire du Prêtre Jean*, ed. Plon (Vol. 1, *L'Éthiopie antique*, Vol. 2, *Éthiopie médiévale*).

conta as transferências de população para a Etiópia, de coptas e de uma massa de compatriotas armênios do vizir Bahram, expulso do Cairo em 1137, isto é, em pleno período das Cruzadas. As inscrições em gueze e em armênio conservadas no convento de Santo Antonio no Sul desértico de Suez são o último testemunho da osmose armênio-etíope.

Ainda que a Etiópia esteja espiritualmente centrada em Jerusalém, ela é irrigada nessa época pelas correntes doutrinais do Egito e da Síria e está em simbiose com a Armênia. Esta, por sua vez, está encravada no mundo monofisista ou nestoriano da Ásia Menor.

No centro do mundo monofisista, a Armênia se encontra aberta às influências da Igreja sírio-jacobita, rica de uma literatura cristã bastante antiga, marcada pelo selo patrístico como o de Efrem ou Afrahat, e definitivamente integrada ao monofisismo no século VI, na época de Jacó Baradeu, bispo de Edessa que se dispersará pela Síria, Ásia Menor e Egito. O patriarcado dessa Igreja residiu por muito tempo no convento de Zapharan; ele foi transferido para Jerusalém e recebeu então o apoio das comunidades armênias locais. Esses cristãos sírio-jacobitas estavam espalhados pela Mesopotâmia e sob a autoridade do patriarca de Mossul "Maphriam e católicos do Oriente"; a liturgia sírio-jacobita utilizava o antigo siríaco e, sob muitos aspectos, era semelhante à liturgia dos nestorianos: densidade, duração, lições e leituras do Antigo Testamento, da Lei e dos Profetas, dos Atos e das Epístolas.

Sem dúvida existia um bom número de divergências de uma Igreja para outra quanto à compreensão do "Monofisismo", doutrina que remonta, em sua formulação de referência, a Eutíquio de Constantinopla. Aqui, eles se atinham às duas naturezas em um único Corpo, acolá aderiam, em nome do mesmo monofisismo, às expressões cristológicas do Concílio da Calcedônia, com a concepção de uma única natureza sem mescla, "nem cindida nem separada", pois "a diferença das naturezas não é de forma alguma suprimida por sua união, pelo contrário, a especificidade de cada natureza é mantida e ambas se unem em uma única natureza e 'hipóstase'".

Mas essa "imprecisão" na terminologia aplicada ao monofisismo explica as interpenetrações das Igrejas orientais, todas dotadas de particularidades que são a herança de um tempo tradicional antigo:
• doutrina escatológica;
• circuncisão, às vezes;
• devoção marial, que levará K. Algernüssen a escrever que "no culto da Mãe de Deus, a Igreja copta, assim como a da Abissínia, supera quase todas as outras Igrejas particulares do Oriente";

• antiguidade de uma transmissão étnica e religiosa como, por exemplo, os coptas egípcios oriundos da região de Tebas e da Líbia, que dispõem de uma constelação de conventos entre o Nilo e o Mar Vermelho, sendo os de Santo Antonio e São Paulo os mais antigos e ilustres;
• recusa do culto das imagens, muita vezes;
• culto da Cruz e não do crucifixo;
• enfim, e em alguns casos, concepções batismais análogas à do nestorianismo.

A mesma margem interpretativa do monofisismo, por parte das comunidades compreendidas em um "conjunto" definido pela identidade de: fé, raça, mentalidade, condicionamento "oriental" e usos rituais provenientes de uma fonte antiga, justifica igualmente o fato, à primeira vista surpreendente, de que os vínculos humanos se tenham tecido entre monofisistas e nestorianos, e também talvez entre esses grupos cristãos e outros grupos orientais não cristãos. Tudo isso no cadinho sírio-mesopotâmico, isto é, em uma região onde Toynbec notará a elaboração de uma noção divina comum ao Judaísmo, ao Masdeísmo, ao Cristianismo e ao Islã, região cuja representação espiritual se exercerá ali mesmo onde os Cruzados e Templários garantem suas funções cavaleirescas.

Capítulo VII

A Herança Templária

... quanto à relação da Armênia com a Maç∴ não sei muito bem o que há sobre isso, mas com certeza deve existir alguma coisa, pois as diversas abordagens que você me assinala são realmente interessantes, sobretudo o que você me diz sobre São Gregório Iluminador, e que eu não conhecia, é muito notável a esse respeito.
Eu me pergunto se conseguiríamos esclarecer muito mais essa questão!...
(Carta de René Guénon ao autor, de 10 de agosto de 1950)

Os esclarecimentos fornecidos no capítulo anterior nos conduzem a abordar outro aspecto das questões subjacentes à presença templária no Oriente Médio em geral e em Chipre, em particular.

Podemos de fato nos perguntar se os Templários não tiveram acesso a certas doutrinas do cristianismo não apenas pré-conciliares, mas que também remontam às próprias tradições das primeiras Igrejas cristãs, e até mesmo anteriores a estas, doutrinas que eles teriam incorporado e introduzido no Ocidente medieval latino e que os conduziram ao martírio?

Por que não poderia ser assim, uma vez que em outros campos observa-se uma "passagem" análoga do Oriente ao Ocidente?

Para nos limitarmos aos exemplos mais simples, citemos então a transposição do "Vale de Josafá"[58] para certas localizações geográficas ocidentais. Desta maneira, o vale de Josafá na região de Chartres,

---

58. Sabemos que esse nome é empregado em certas instruções da Franco-Maçonaria e que também foi empregado no "julgamento" do rei e do papa dado a J. de Molay e que o vale é relacionado às implantações cistercienses. Sua santidade, Paulo VI, evocava ainda em 13 de junho de 1969, durante uma recepção dos trapistas, e a respeito da restauração da abadia de Morimond: "...eles vêm bem a calhar aqui, os célebres versos que definem vosso trabalho: *Bernardus valles, montes benedictus amabat, oppida franciscus, magnas Ignatius urbis*". Observaremos como lembrança a alusão aos "Filhos do Vale" no Templarismo primitivo do Escocismo retificado, e o nome de "vales" dado ao Oriente de alguns altos graus Escoceses Aceitos ou Retificados.

▲ *A igreja carolíngia dos Germigny-des-près (Loiret), século IX. Construída segundo o modelo das igrejas armênias, ela contém uma abside oriental e um mosaico em estilo bizantino representando a "Arca da Aliança".*
Foto Éditions Valoire.

Igreja cruciforme Saint-Georges de Lalibela. É uma das 11 igrejas monolíticas etíopes.
Foto Ethiopian Airlines ▶

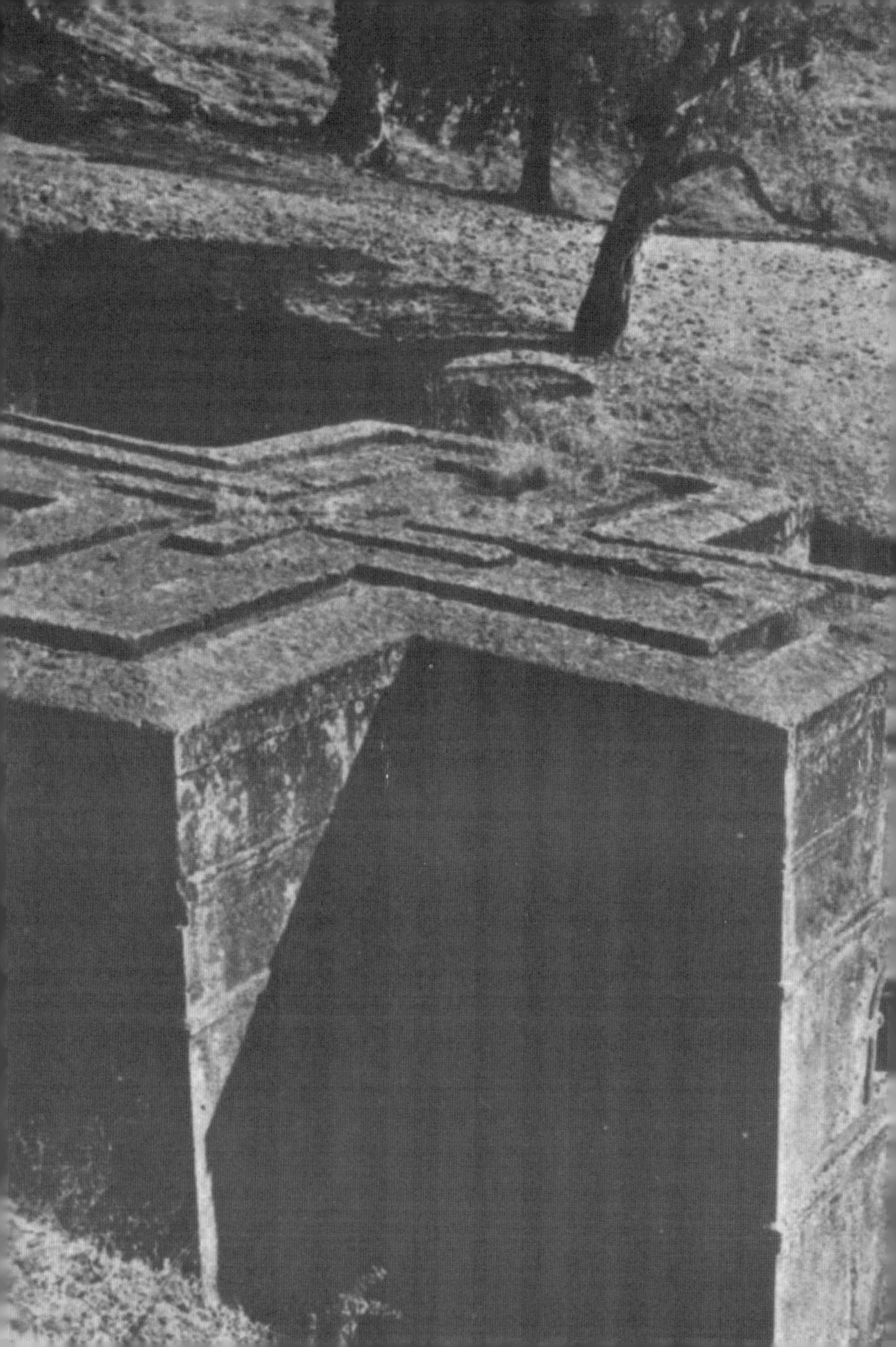

ligando a região às comendadorias templárias de Beauce, tira seu nome da abadia de Josafá, fundada em 1117 pelo bispo de Chartres; ora, essa denominação é dada por Geoffroi de Lèves e Gosselin, seu irmão, em memória das Cruzadas e em razão da semelhança entre a topografia de Chartres e a de Jerusalém.[59] Nós a encontramos novamente, na mesma região, entre Bouville e Maisse; trata-se então de um "vale de Josafá" cercado de lugares curiosamente batizados: a gruta, o fosso dos padres, os montes vermelhos, o priorado, o convento, os infernos, o paraíso, o bosque dos doze, o galo, os três golpes de espada...; a designação também remonta à época das Cruzadas, e o vale fica próximo ao castelo de Farcheville construído em 1291 sob a ordem de Hugo II de Bouville, mordomo de Felipe, o Belo.

Um mapa dos "vales de Josafá" deveria ser feito, não apenas na França, mas também na Alemanha, tomando como pontos de referências as comendadorias templárias ou teutônicas. Existindo assim um vale Josafá *Tal Josaphat,* em Limbourg, a 50 quilômetros de Marbourg-an-der-Lahn, sede central de retiro dos Cavaleiros teutônicos e cuja catedral Santa Elizabeth, a mais antiga catedral gótica da Alemanha, foi justamente construída sob a égide da Ordem teutônica, entre 1233 e 1340, em honra da rainha Isabel da Hungria.[60]

Em outros setores da atividade humana assistimos a transferências análogas.

Todas as artes receberam "alguma coisa" do Oriente nesses tempos de guerra, mas também de comunicação, até a arte floral que, no "plano externo", será marcada por uma transplantação de algumas espécies, como o cravo atual trazido ao Ocidente em 1270, durante a Sétima Cruzada, assim como uma variedade de rosa, conhecida sob o nome de *Galica damascena,* que teria sido introduzida em Provins, após a Quarta Cruzada, por Teobaldo IV, dito "o compositor", conde de Brie

---

59. É verdade que essa semelhança talvez já tivesse sido observada nos séculos anteriores, como parece indicar o desenrolamento da procissão do domingo de ramos que remonta à época carolíngia (cf. ordinário chartrense do século XIII, do abade Y. Delaporte, Sociedade Arqueológica de Eure-et-Loire, tomo XIX). Ela também foi aplicada em outras cidades: Coutances, Provins e talvez Cambrai.

Mas uma influência armênia e médio-oriental se exerceu na França, entre os séculos IX e XI, e que é testemunhada, por exemplo, pela presença de um santo armênio em Pithiviers e a de um arquiteto armênio a quem são atribuídas as plantas da igreja carolíngia de Germigny-sur-Loire, construída segundo o modelo da catedral de Edjmiadzin.

60. É nessa igreja, dedicada à viúva de Luís, o Piedoso, que se encontra o túmulo de Konrad de Thuringe, fundador da igreja e primeiro mártir da Ordem Teutônica. Aproveitamos para observar que Santa Isabel da Hungria foi a protetora da Ordem Militar e Hospitalária de São Lázaro de Jerusalém. Parece que o arquiteto e mestre pedreiro Villars de Honnecourt participou das plantas dessa igreja por ocasião de sua visita à Hungria.

e de Champagne. Mencionamos o plano externo, pois no plano interno a arte floral simbólica conhece na mesma época a eclosão da "Rosa mística", da Bela flor, que serão cantadas pelas Cortes do Amor e Fiéis do Amor de acordo com a inspiração que lhes chega da ilha de Vênus.

O que dizer agora da arte arquitetural? Também neste campo, observamos que o que aparece na forma e na técnica corresponde a uma verificação da essência, isto é, do esoterismo que utiliza essa arte como suporte sagrado. E novamente a influência monofisista será preponderante. Esperamos tirar proveito de um estudo sobre as comunidades cristãs do Oriente para mostrar quais trocas foram estabelecidas entre armênios e Cruzados no campo da arquitetura e quais acontecimentos, de outra ordem, recobrem essas trocas nascidas de uma interpenetração entre as Lojas e maçons ocidentais e armênios. Descobrimos um testemunho disso no fato de que um ritual maçônico do Rito Escocês Antigo e Aceito, o do "Cavaleiro do Oriente e do Ocidente" (17º Grau desse Rito), toma como lenda o papel de certo Garimont, "patriarca latino", de Jerusalém, a respeito do qual o ritual esclarece: "Geralmente se acredita que esse grau foi instituído em 1118 quando os Cruzados se uniram aos iniciados do Oriente, sob a conduta de Garimont, patriarca de Jerusalém, e formaram um corpo armado para defesa e proteção dos peregrinos que visitavam a Terra Santa".[61]

Ora, esse Garimont... não era outro senão o santo e valoroso Gormond de Piquigny, diante do qual os primeiros Templários fundadores da Ordem do Templo fizeram os seus votos... e que manteve estreita relação com os arquitetos armênios. Foi graças à ajuda técnica de um deles que Gormond de Piquigny conseguiu conduzir a contento a conquista de Tiro.[62]

Gormond de Piquigny, ou "Garimont", combinava sacerdócio e Cavalaria. Não somente ele tomou parte no cerco a Tiro, mas se encon-

---

61. *Manuel Maçonnique ou Tuileur*, Vuillaume, Paris, 1820.
62. A identidade de Gormond de Piquiny, "Garimond", não era conhecida dos escritores que há algumas décadas tratavam da Maçonaria. O próprio R. Guénon não parecia dar muita atenção a esse assunto. Como lhe perguntamos se esse Garimond não seria um armênio – pois tínhamos descoberto sua referência nas relações armênias com a Cruzada –, ele nos respondeu: "Nos diversos pontos relativos à Armênia e sua história, parece que de fato existem a esse respeito coisas curiosas, mas eu teria alguma dificuldade para lhes indicar informações precisas sobre esse assunto. De Garimond, que aparentemente teria sido um dos primeiros Patriarcas latinos de Jerusalém, sei tanto quanto vocês, mas nada mais, de forma que não poderia dizer se ele é um personagem histórico ou apenas lendário" (carta de René Guénon, de 9 de fevereiro de 1950).
Pensamos também ser necessário questionar o R. P. J. Daniélou sobre as origens desse Garimond, patriarca latino de Jerusalém, mas não obtivemos resposta.

trou no comando dos francos com o condestável Guillaume de Bures, o doge Domenico Michel e o conde Pons de Trípoli. Ele colherá, em Tiro, o fruto de suas relações "fraternas" com as guildas armênias de pedreiros, uma vez que a tomada da cidade fortificada será realizada graças à ajuda do arquiteto armênio Havedik. A *História de Eracles e a conquista da Terra de além-mar* destaca, a esse respeito, a contribuição dada às artimanhas técnicas do cerco, por esse "engenheiro" armênio que Gormond fora buscar em Antioquia a conselho dos mestres-pedreiros da região: "... *envoièrent en Antioche por fère venir um Ermin, Havedic avait nom, qui estoient bons menestriers et perrières et de mangoniaux. Si tost com il fut venesz, l'en li bailla chapentiers e merien...*" Gormond aperfeiçoou, com a ajuda dos carpinteiros, pedreiros, "engenheiros" e talhadores de pedras armênios, construções militares às vezes audaciosas como esse "mui alto castelo", que permite vigiar, do alto das muralhas, o movimento da população de Tiro. Foi ainda Gormond-Garimont que recebeu, no lugar do rei, o comando supremo dos Cavaleiros e soldados francos e sendo assim obedecido sem reservas por Guillaume de Bures, como atestam tanto as relações de Guillaume de Tiro quanto as de Foucher de Chartres.

As confrarias de pedreiros operativos eram muito estruturadas no mundo armênio, e também eram muito antigas entre os abissínios monofisistas. Confundida com o Egito, o "Nilo" ou o "Sudão", essa "Etiópia dos pedreiros" dispunha de técnicas particulares, inspiradas do ponto de vista espiritual por um cristianismo "salomônico" lendário ou por um judeu-cristianismo próprio ao monofisismo copta.

Será que certas rotundas, às vezes octogonais, da arquitetura templária se devem à influência armênio-copta? Elas são comuns nas igrejas armênias e etíopes. É na Etiópia que encontra a rotunda de Axum, rotunda da Tenta, e sabemos que para os abissínios o "sagrado" da igreja é constituído pela Arca da Aliança, uma vez que essa igreja não tem mártires em sua fundação.[63] A arca, que representa a Virgem Maria,

---

63. A cristianização da Etiópia, iniciada por Frumentius, deve sua confirmação a Atanásio, por volta de 341, mas ela é síria por sua origem. Ela resistiu às tentativas de arianização e incessantemente se posicionou ao lado de Alexandre nas lutas contra Bizâncio.
Seu monaquismo e seu cenobitismo se originaram na região de Axum sob o impulso dos "nove santos", e suas primeiras construções foram as 11 igrejas subterrâneas. Esses "nove santos" multiplicaram as fundações monásticas e traduziram a Bíblia para a língua gueze. O grande soberano Lalibela mandou construir as 11 igrejas subterrâneas. Quanto às lendas que formam a base da vida religiosa e real da Etiópia, elas se articulam em torno da narrativa das relações entre o rei Salomão e a rainha de Sabá, e encontram seu fundamento em um livro em língua gueze *Kebra Nagast*, a glória dos reis. Trata-se de um manuscrito copta que permaneceu secreto até o século XIII e só foi traduzido em 1314. Se, como escre-

tem sua origem prototípica na Arca da Aliança hebraica, cuja posse os etíopes reivindicam, mas ela não deixa de ter uma relação simbólica com a rotundidade celeste e, finalmente, com a rotundidade arquitetural. Encontramos aqui a correspondência entre figura quadrangular e figura circular que Guénon tantas vezes evocou, tanto a respeito das relações entre o céu e a terra quanto sobre as relações entre a muralha paradisíaca e a forma da Jerusalém celeste.⁶⁴ De fato, a rotundidade (ou o octógono) das construções templárias e Cruzadas foi contestada.⁶⁵ No entanto, existem alguns exemplos a respeito. Na proximidade do antigo priorado de Villesalem, George Pillement, estudando o itinerário que vai da região da Haute Vienne a Gartempe, assinalará a existência de uma capela funerária construída, como se pretende, por volta de 1180, com um plano mais ou menos inspirado no Santo Sepulcro de Jerusalém.

---

veu J. Doresse, trata-se da "carta" mesma das instituições imperiais da Etiópia, essa carta evidencia singularmente o papel de um armênio célebre: Gregório, o Iluminador (o mundo religioso etíope possuía obras em língua gueze que relatam a vida de Gregório, o Iluminador, e de outros santos armênios, como Sarkis e Tertâg).

Segundo o manuscrito, a dominação do mundo pertence aos imperadores de Roma e da Etiópia, o limite da divisão do mundo passa por Jerusalém. A origem dinástica etíope vem da união entre o rei Salomão e a rainha etíope de Sabá: Makeda. Desta união nascerá o filho do sábio: Ibn-El-Hakim. Esse rei, posteriormente ungido e consagrado rei no Templo, recebe a doutrina divina e retorna à Etiópia com a Arca da Aliança milagrosamente subtraída ao Templo de Jerusalém. Ibn-El-Hakim também recebe a revelação celeste da vinda de Cristo e do papel da Virgem. Após seu retorno de Jerusalém, ele coloca a Arca santa, "Sion", em Dabra-Makeda.

Essa noção de bênção ligada à posse do carro místico aparece na narração atribuída, pelo livro, a Gregório, o Iluminador. Ele deve explicar aos 318 Pais de Niceia que o carro invisível sempre permanecerá na Etiópia, uma vez que os judeus perseguirão os cristãos na Armênia e na Etiópia; também há uma alusão às duas realezas de descendência salomônica, uma visível e a outra secreta e invisível.

Essa lenda sobre o duplo caráter sacerdotal e real da monarquia etíope circulava entre os coptas na época das Cruzadas, e se acredita que ela foi comunicada aos Cruzados por intermédio dos diferentes escritos coptas e apócrifos – como as profecias do livro de "Clemente" –, durante a tomada de Damiette no século XIII, como esclarece Jean Doresse em sua obra sobre o império do Preste João, que, ao longo deste estudo, será muitas vezes citada.

É interessante observar que a mesma lenda da entrevista entre o rei Salomão e a rainha de Sabá forma a substância de alguns rituais maçônicos de instalação no Veneralato na Maçonaria anglo-saxã ou escocesa.

64. É preciso observar que é durante o período das Cruzadas que o soberano Zagoué Lalibela – no final do século XIII – lança o movimento arquitetural religioso que traz o seu nome e certo tipo de cruzes simbólicas "gloriosas" sem a exposição do corpo do Crucificado (a "crucificação Gloriosa do Senhor") também denominadas cruzes "de Lalibela". O soberano desejava constituir na Etiópia uma "Jerusalém simbólica", um substituto à Jerusalém terrestre, cujo acesso estava proibido pela ocupação muçulmana e árabe...

65. Sabemos que a arte cristã mais antiga representava a auréola dos santos sob a forma de um quadrado, quando relatava um episódio do santo vivendo "na Terra", e sob a forma de um círculo, assim que o santo póstumo fosse evocado "no céu".

É o famoso "octógono" de Montmorillon que permanece sendo o edifício mais notável da Maison Dieu* de Montmorillon. Logo iremos ver que houve uma profusão de casas octogonais ou em rotunda a partir das Cruzadas.

É evidente que para os Templários, grandes construtores dessa época, a contribuição das artes orientais monofisistas era muito importante e intuímos facilmente que imensa riqueza representava a esse respeito a convergência armênio-etíope, convergência justamente localizada em Jerusalém e em Chipre.

Foi com razão que Jacques de Molay proclamou em 28 de novembro de 1309, diante da comissão de investigação pontifical, que ele "não conhecia nenhuma outra religião em que as capelas e as igrejas tivessem melhores e mais belos ornamentos, relíquias e objetos de culto". Lembremo-nos de que, desde 1139, Inocente II tinha concedido à Ordem o direito de construir capelas para seu uso, capelas servidas por capelães ordenados e geralmente vinculados a uma comendadoria.[66] O próprio fato de que os Templários tenham construído em inúmeros lugares do Oriente Médio e que tenham recorrido à mão de obra cristã local, geralmente monofisista, bastaria para fundamentar a hipótese de uma transferência das técnicas, envolvendo outras adaptações ou contribuições rituais e doutrinais associadas à iniciação artesanal dos pedreiros orientais.

O florescimento dos edifícios templários na Terra Santa data da primeira metade do século XIII. Antes mesmo da perda de Jerusalém, em 1187, o Templo contava com inúmeras fortalezas ou cidades fortificadas. Assim, Gaza, confiada ao Templo por Balduíno III, Tortosa (1165), Safet, adquirido pela Ordem em 1169, o castelo do Gué-de-Jacob, construído e perdido em 1178-79. A mais bela obra militar do Templo é, sem dúvida, o Castelo Peregrino, ao sul de Haifa, mantido até a queda de São João de Acre e cuja capela é ao contrário hexagonal.[67]

---

* N. T.: A Maison Dieu é um monastério-hospital, fundado no século XI por Robert du Puy, senhor de Montmorillon, em seu retorno da Terra Santa. Compreende entre outras construções o Octógono construído no século XII e a Capela de Saint-Laurent.
66. Na bula *Omne datum optimum*, de 1139, Inocente II havia concedido ao comendador Robert de Craon o direito de construir oratórios em todos os lugares vinculados ao Templo para que ele e seus familiares pudessem ali ouvir o ofício ou serem enterrados; em 1145, a bula *Milita dei* confirmava esse direito frequentemente contestado pelo clérigo secular. (Cf. "Comendadorias e capelas na região de Charente", artigo de Charles Datas, in *Archeologia*, nº 27, março-abril de 1969).
67. Aliás, uma pesquisa simbólica poderia ser empreendida sobre essa "construção" intermediária entre o quadrado e o círculo e que compreende principalmente o hexágono e o octógono. Nós nos permitimos realizar esta análise em outra obra que trata do estudo do

Ainda é preciso citar Safet ou Safed, o "castelo branco", cujos nichos retangulares, de um lado ao outro da abside da capela, lembram as sacristias das basílicas sírias do período paleocristão.

Safet foi reconstruído em 1244 sob os conselhos do bispo Benoît de Marselha, com a ajuda de um comitê de construtores composto de Cavaleiros e de soldados do Templo, e no lugar do antigo castelo destruído por Saladino. Dessa maneira se estabelece e se prova que a arte dos pedreiros não era estranha aos monges Cavaleiros, e que tal conhecimento os predispunha à familiaridade com os mestres de obra valorizando outras organizações de ofício, além daquelas do Ocidente.

Enfim, ainda seria necessário mencionar a construção templária do Saffran, Cacho, La Fève, Toron, Amman, Château-Rouge, Beaufort, Bagras e Gastein sur l'Oronte, La Roche-Guillaume, La Roche-Russole, Arcas au Liban, porto de Bonelle na Armênia, etc.

Mas não levaria muito tempo para que o Templo cobrisse a Europa de casas e capelas. E ali, nós descobrimos o octógono e a rotundidade. Sem dúvida podemos alegar o fato de que existiam plantas análogas nas capelas palatinas do século VIII, mas quem eram os seus arquitetos? O califa Haroun-al-Raschid não tinha enviado a Carlos Magno, na condição de embaixadores, armênios acompanhados de arquitetos armênios? O fato é que a rotunda, ou o octógono, é característica das principais residências templárias: em Paris, Londres, Tortosa, Tomar e Jerusalém.

Na Espanha, a rotunda de Tomar, dita do "tipo siríaco", foi construída segundo a planta octogonal, ao passo que as de Paris e de Londres foram segundo uma planta circular. Rotunda também encontrada em Vera Cruz de Segóvia, dedicada ao Santo Sepulcro, durante sua consagração em 13 de abril de 1208 e que foi templária, uma vez que o Breve de Honório III, de 13 de maio de 1224, é dirigido aos "Cavaleiros do Templo e à Igreja do Santo Sepulcro".[68]

As mesmas afinidades arquiteturais durante a fundação, supostamente templária, de Eunate, no trecho francês do caminho de Compostela, e que levou à elaboração de uma teoria erudita sobre os princípios orientais da arquitetura templária.[69]

---

simbolismo e remetemos o leitor à doutrina exposta por René Guénon sobre esse assunto (cf. principalmente *Symboles fondamentaux de la science sacrée*, ed. Gallimard).

68. Esse breve era acompanhado de uma relíquia da verdadeira cruz, encastoada em uma cruz patriarcal, primeiro sinal dado ao Templo por Gormond de Piquigny, em 1128, e que foi substituída pela cruz serifada, imposta em 1147 por Eugenio III à Ordem.

69. Quando escrevemos este livro, ainda não tínhamos conhecimento da obra de Édouard Utudjian: *Les Monuments arméniens du IVe au XVIIe siècle* (ed. Morancé, Paris), que ainda não estava impressa. Certamente haveria muito a ser aprendido com a leitura do livro de Utudjian que, aliás, contém interessantes e abundantes ilustrações.

Todavia, a mais bela rotunda é a de Londres, e às vezes se considerou que foi a partir dela, erigida durante o reinado de Henrique II Plantageneta e consagrada em 1185, que a Ordem teria adotado pela primeira vez o plano circular. O fato é que a grande comendadoria de Paris provinha do mesmo ritmo circular, e a igreja primitiva erigida no século XII era em forma de rotunda pura.

Quanto ao octógono, ele pode ser reconhecido de maneira mais nítida na capela templária de Laon. Seria interessante empreender um estudo da arquitetura templária na França, quer se trate de igrejas ou capelas como as de Fontenotte, perto de Dijon; da grande "Templerie" de Bure, às margens da Champagne e da Borgonha; do Templo de Beaume, que recebeu os votos de Jacques de Molay; dos templos de Jabrun, Lieutadès, Laguiole, Espalion, nas margens setentrionais do Aubrac; da Couvertoirade, cidade forte templária em Causse; da Capelle-Livron e de Ginouilhac, na região de Causse, em Quercy; das comendadorias da região de Charente: Saintes, Dalles d'Angles, Pereuil, Charmant, Cressac, Condéon, Barbezieux, Jonzac, Aubeterre, Loubert, Civray, Le Grand Madieu, Villejésus, Fonqueure, Maine-de-Boixe, Coulonges, Vouthon Angoulème, Barbezières, o Fouilloux... e, enfim, Cognac, e Chateaubernard, perto de Cognac, cuja comendadoria compreende ainda a igreja orientada, segundo a planta retangular, com uma disposição bastante "templária" das janelas da abside. Não existe região na França que não conheça essa implantação templária: o Limousin, com Brillac, Confolens, Bois-du-Chambon, o pequeno MasDieu, Limoges; a Aquitânia, o Maciço Central, o Cantal, com a comendadoria de Yves entre Bort e Mauriac; e os vestígios dos arredores de Tourniac, as casas de Salers; o Norte e a Provence; a Île-de-France. A igreja de Rampillon, formada por uma nave de oito colunas com naves laterais e de uma capela poligonal não foi influenciada pelo modelo octógono-circular?

✠

Por muito tempo ainda nos questionaremos sobre a natureza das atividades templárias no Oriente, no terreno das "técnicas maçônicas", e sobre as relações estabelecidas com as guildas cristãs monofisistas e admitiremos sem muitas dificuldades que certamente a Armênia deixou um legado à milícia dos Cavaleiros, monges e construtores. Mas o que de fato essa milícia recebeu dos coptas ou etíopes estabelecidos nessas regiões, desses "cabeças negras" – Aïthi-ôps –, rostos queimados ou negros, que na época povoavam uma Etiópia que recobria regiões bem diversas, com exceção daquelas de raça negra?[70]

Não é nos escritos místicos etíopes relativos à "Pérola imaculada" que encontramos vários textos (assim como no *Livro dos Mistérios do Céu e da Terra,* de Isaac, o monge), que têm relação com todo um simbolismo numeral bíblico, aplicável à arquitetura e mesclado a certas considerações alquímicas próprias aos "cabeças negras"?

Lembremo-nos também de que a arte religiosa etíope, particularmente a das construções axumitas, privilegia o bestiário que também decora o Ocidente cluniacense do século XII.

De fato, nós nos encontramos em presença de certa semelhança na arte sagrada, que vai da Ásia cristã à Etiópia, tanto pela arquitetura quanto pelas técnicas particulares, como a dos tetos em madeira, cuja existência observamos na Armênia ou na arte hindu Koush.[71] Quanto às representações próprias à arte armênia, descobrimos sua transposição para as mais antigas miniaturas etíopes.

Se, no entanto, pudemos nos convencer sobre uma osmose das técnicas entre o Oriente e o Ocidente sob a égide das Cruzadas, nada permite descartar uma osmose intelectual e espiritual da mesma ordem, e se exercendo, no mesmo sentido, do Oriente ao Ocidente. É preciso então recorrer às fontes da tradição escrita.

Nós citamos o *Livro dos Mistérios do Céu e da Terra*, de Isaac, o monge. Mas quantas outras obras "místicas" circulam na comunidade monofisista que são testemunhas de uma seiva esotérica ainda viva, e na qual se alimentará, entre os "cruzados", a Ordem mais "aberta" a essas coisas e a mais apta a recebê-las e, em razão de sua vocação, a mantê-las no segredo do Templo?

Se assim for, é a terra cipriota que parece ter favorecido a fecundação da Cavalaria ocidental. A ilha do cobre constitui de fato uma espécie de microrreceptáculo, de matriz histórico-geográfica, em que se encontram reunidos, em uma unidade de tempo e de lugar: o "ápice" templário, os monofisistas e os nestorianos, e isso ao mesmo tempo em que se exerce sobre essa "matéria" viva, humana e religiosa, a influên-

---

70. Será proveitoso reler o que René Guénon escreveu a respeito dos "cabeças negras", alquímicos, da *matéria-prima* e do *nigrum nigro nigrius*, assim como suas observações sobre o duplo sentido da cor negra, sobre a qual ele observava que expressões como "cabeças negras" e "rostos negros" são encontradas em diversas tradições, e a denominação da Etiópia também sendo aplicada à Atlântida.

71. C.f. J. Hackin in *L'œuvre de la délégation française en Afghanistan*, Tokyo, 1933.

cia "venusiana" e telúrica da ilha propícia às manifestações do esoterismo cavaleiresco.

Aliás, é preciso esclarecer que a troca entre o Oriente e o Ocidente se fará às vezes em sentido inverso. Citaremos o livro etíope dos "milagres da Virgem", que contém as lendas do ícone milagroso do monastério de Saïdnaïa, perto de Edessa. Veiculado primeiramente na Síria, e sendo originário de Rocamadour, na região francesa de Quercy, ele circulará muito mais tarde, em uma tradução árabe, até mesmo no Egito, e a partir dali na Etiópia, mas enriquecido das lendas sírias em sua tradução para a língua gueze. Ora, o papel dos Templários, protetores do ícone do monastério de Saïdnaïa, não deve ser negligenciado nessa transmissão da França no Oriente.

Por outro lado, de que maneira os Cavaleiros não teriam tido conhecimento desses manuscritos que alimentavam a piedade monofisista: as "explicações de Jesus" (Fekkaré Iyassous), as "visões" do monge copta Chénonté, as "Homilias clementinas", o "Apocalipse de Pedro a Clemente", a "Epístola dos Apóstolos" etíope, os diversos apocalipses coptas, as "Revelações" de Método de Patara, etc.? Para começar, nós sabemos que na tomada de Damiette, os Cruzados tiveram em mãos o livro do pseudo-Clemente, e esse fato lhes causou imensa alegria... Quem sabe se não tiveram também acesso às tradições locais etíopes, que a religião "recobria", tais como as particularidades de certos autóctones relativa aos cultos das árvores, à transformação dos ferreiros em hienas, etc.?

O monofisismo, em um território tão extenso, não tinha conseguido extinguir as heranças de um passado mais antigo, não mais do que o islã negro conseguiu destruir as tradições africanas artesanais, as iniciações ao Bosque sagrado, ao Grande Tronco da natureza, as longas cadeias salomônicas do país peuhl e as de certo "número de grãos" que marcam o continente negro...

Ele compreendia, em sua área geográfica, os cristãos da Núbia marcados na testa com a Cruz, convertidos ao monofisismo pelo imperador Juliano e hierarquicamente vinculados ao patriarcado de Alexandria. Essa Núbia, ligada à Etiópia pelo monofisismo e muitas vezes confundida com ela na Idade Média, era a terra de um dos Reis Magos. Ela também poderia reivindicar a posse de tradições misteriosas, com sua "guarda da África", atribuída ao "Senhor da montanha". Ela era vizinha de um reino sudanês, cujo rei sempre permanecia por trás das cortinas, invisível, e só mostrava seu rosto nas festas rituais. E se, no século XV, chegou a se pensar que ele poderia ser o famoso Preste João, é porque os segredos da Núbia tinham atravessado os limites das fronteiras da África e do Mediterrâneo.

E também não era da mesma etnia religiosa que provinha a crença nos cinocéfalos que no Ocidente ornarão os tímpanos da igreja de Vézelay? Esses seres estranhos são encontrados no Oriente no século XIII, nos manuscritos e miniaturas armênias e sírias, na Índia, na Etiópia e na Líbia. São vistos nos textos sírios do século XII e nos apócrifos etíopes que relatam a evangelização, por Santo André, da Cinocefália imaginariamente situada às margens do mar Negro. Se acreditarmos em Bruce, que visitou Axum no século XVII, havia ali representações de cinocéfalos, com um grafismo muito semelhante ao do Egito. Ora, nos textos herméticos desse país, os cinocéfalos eram relacionados ao deus Hermes, o que nos conduz às conexões esotéricas entre a Alquimia, o hermetismo e os mistérios templários, e se refere ao "Al-Kémya", aos "cabeças negras" e aos contatos Templários-monofisistas.

A invocação de Hermes era praticada lembrando precisamente o apoio concedido pelo Deus dos mistérios ao seu "cinocéfalo da Etiópia". Focinhos de cães e rostos de babuínos também irão se unir às tradições locais para alimentar as lendas coptas e formar um conjunto de maravilhas que une o Egito, a Índia, o País do Pount e o do Rei Serpente. Mas semelhante bestiário sagrado não deveria surpreender os ocupantes da "ilha dos limões", cuja dinastia descendia da fada serpentina Melusina e cuja Cavalaria talvez possuísse um rosto "bafomético" do deus dos mistérios, esse "Jano" solsticial das iniciações artesanais romanas...

Para além das fabulações, vemos surgir uma tapeçaria que entrecruza as raças do monofisismo e do nestorianismo, os cristãos da Etiópia e seus primos distantes no "cinocefalismo": os cristãos de São Tomás que habitam o Sudoeste da Índia, Ceilão e a Costa de Malabar, e os cristãos do Iêmen. Divididos na época entre nestorianos e jacobitas monofisistas, esses cristãos iemenitas tinham passado do arianismo ao monofisismo, e depois ao nestorianismo. Foi nessa comunidade que ocorreu, sob a ordem do rei dos hungaritas israelitas, o martírio dos cristãos de Najran, no início do século VI, atestado pela história local do "Martírio de Santo Aretas", dos "mártires de Najran", e pela carta em língua siríaca de Simeão a Serge, ambos bispos. Desde o final do século VI, essa comunidade passará para a autoridade dos católicos nestorianos de Ctesifonte, e o território iemenita[72] registrará a vida paralela

---

72. O Iêmen pode ser inserido na geografia sagrada do hermetismo, da mesma maneira que a Síria, a Etiópia e o Egito. Essa ciência tradicional tinha ramificações em todas essas regiões, assim como entre os gnósticos mendaítas; aliás, um grupo "de herméticos" se

das três confissões: a cristã nestoriana e monofisista – esta missionada pela Abissínia –, a judaica e a muçulmana. Podemos imaginar por um instante que o cristianismo iemenita pudesse ignorar o da Etiópia? Ou que os três anéis oriundos de Abraão que ali se cruzaram não tinham nenhuma interferência quanto às heranças "lendárias" e rituais? Ou ainda que o nestorianismo médio-oriental não tinha relações com o da Mongólia?

Ora, a tapeçaria religiosa, cuja existência evocamos anteriormente, tecia-se nesse espaço sagrado da Terra Santa e de Chipre. Os "mestres tecelões" eram esses homens hábeis que percorriam as estradas da Síria, do Irã e da Armênia e encontravam às margens de Trebizonda nas planícies mongóis. Sua arte ocultava muitas riquezas transmitidas de gerações em gerações, desde os tempos remotos, e que fariam sorrir de desdém "nossos caçadores de mitos" e outros "crentes" sectários e limitados, cuja antignose – ou o agnosticismo efetivo – concorre com a estreiteza de espírito.

Portadores de novidades, reveladores de fontes secretas, emissários do Preste João e cantores de encantamentos distantes, introduzidos nos grupos fechados de Cavaleiros, de monges e pedreiros da Armênia e da Etiópia ou afiliados às confrarias desses países, enfim, não menos ardentes do que seus irmãos do Ocidente na busca de uma Cavalaria celestial, a do Preste João, da Esmeralda e do Anjo de luz, eles descansavam nas comendadorias templárias de Chipre e nos mercados do Oriente, como atestam as antigas crônicas armênias do povo Haî.[73] Isso merece alguns esclarecimentos complementares, em razão das conexões entre estes mistérios e as alusões ao reino do Preste João e também porque René Guénon muitas vezes se referiu ao "Preste João", em o *Rei do Mundo, O Simbolismo da Cruz* e em outras passagens de sua obra.

Os Cruzados localizaram na Ásia Central o reino do Preste fabuloso e isso durante todo o tempo que durou a campanha dos generais mongóis de Gêngis Khan, esposo de uma princesa nestoriana kerait. É a época em que se espera a vinda do rei dos Tártaros, filho do Preste João, que, como se acredita, virá venerar as relíquias de seus ancestrais,

---

perpetuará até o século X em Harran, perto de Edessa, incluindo várias correntes tradicionais: a oriunda do pitagorismo e a do Sufismo xiita, e a que tem origem no filósofo persa Sohrawardi; esse grupo sobreviverá nas fraternidades ismaelitas de Basra. A ele se deve *Les institutions de Harran*, redigidas por Tabit-in-Qorra, no século X, e talvez o primeiro *Corpus hermeticum*. Sobre todos esses pontos nós só podemos recorrer aos trabalhos de M. Henry Corbin, professor da l'École pratique de hautes études de la Sorbonne.
73. Cf. Biblioteca Marie-Nubar em Paris. Manuscritos armênios da Cruzada e relações sobre as migrações do Ourartou.

os Reis Magos na Colônia... Mas de onde provém então a história do rei-Preste, de nome simbólico? Provém do nestorianismo asiático, depois do monofisismo abissínio, e em seguida do "Teto do Mundo" e do Teto da África.

A partir do século XIII, os vínculos são diretamente estabelecidos entre São Luís, Gregório IX, Inocente IV e os príncipes mongóis, entre os quais Guyük, Mongka, Hulagu, Kublai Khan e o Abagha Khan, residente em Azerbaidjão, na montanha sagrada dos Reis Magos, no lugar dito "Trono de Salomão". Aliás, foi este último Khan mongol que mandou reconstruir a sala do trono, ou o palácio de Cosroé.

Lars-Ivar Ringbon e Jean Doresse[74] chamaram a atenção sobre esse personagem que enviou embaixadas até Lyon em 1274-1276 e cujos mensageiros aceitaram então a fé romana. Daí para identificá-lo ao próprio Preste João era um pulo, rapidamente feito. Eis que na mesma época, Albrecht, redigindo o segundo Titurel, situará o templo místico do Santo Graal na residência do Preste João. Dessa maneira, sobre a tela de fundo nestoriana, o Graal e o reino do Preste João se identificam em um único traçado, o de um alto retiro que o cavaleiro do Templo alcança após muitas aventuras, conhecedor da língua do rouxinol das Cortes do Amor, da "língua siríaca" dos contadores monofisistas e nestorianos de Chipre...

Essa relação entre o cristianismo oriental e a Mongólia nestoriana faz com que se considere voluntariamente o território Oengut, na grande curva do Rio Amarelo, como o reino do Preste João. Ali existe um rei, Jorge, considerado por Marco Polo como o descendente do Preste João; ele está investido da mesma função que seus ancestrais e, de sua capital, ele governa o povo de Gog* e Magog, ou seja, Nug e Mongólia. Aqui se encontram, evidentemente, as lendas de Agarta...

Somente após a enigmática derrota do Preste João, derrotado pelo Khan de Catai, é que irá se operar a transferência do "centro" sacerdotal e real joanita da Ásia central para a Núbia e para a Etiópia.

Um dominicano, Jourdain Catalon, contará um pouco mais tarde, em 1329, em sua *Descrição das Maravilhas,* que é o rei da Etiópia quem assume o cargo funcional do Preste João.

Já o *Opus imperfectum in Matthaeum* e a obra em língua siríaca *A Caverna dos Tesouros* tinham fornecido os elementos da história dos

---

74. Cf. Jean Doresse, *L'Empiore du Prêtre Jean*, Plon, 2 vol., citado – obra que traz inúmeras informações inéditas sobre os pontos que evocamos a respeito de Chipre e do papel representado pelo monofisismo copta na época das Cruzadas.
* N. T.: Gog ou Nug é a região habitada pelas tribos Ung, conquistadas por Gêngis Khan; já Magog é a própria Mongólia.

Reis Magos, aliás associada à Índia mística. Ora, essas narrativas irão encontrar sua confirmação na boca do bispo nestoriano que veio relatar ao papa Calisto II as tradições nestorianas relativas à predicação do apóstolo Tomás.

E eis então que, no início do século XIV, na década que verá se desenrolar a agonia corporal da Ordem do Templo, o armênio Hetum publica a *Flor das Estórias* seguida pela crônica de Jean le Long e na qual se encontra confirmada a identificação do Preste João com os príncipes asiáticos. Hetum viveu em Jerusalém e em Chipre.

Quanto a Jean de Hildesheim[75] ele acompanhará, em sua "história dos três reis", um autor desconhecido que viveu nas terras "egípcias" e na Armênia e retomará sobre o assunto a narrativa que Ludolf de Suchem fez após uma peregrinação pela Terra Santa, entre 1336 e 1341.

Em seus escritos, Melquior, o Rei Mago, é apresentado como sendo originário da Núbia. Ao lado do Melquior núbio surge Baltazar, o Rei Mago de rosto negro, que governa o reino de Godolia, e que às vezes também é assimilado à Núbia; e enfim Gaspar, que comanda o reino dos Tártaros, ou uma Tharsis asiática que compreende a Ilha de Egriseule, lugar em que está sepultado o apóstolo Tomás.

Mas, por mais surpreendente que pareça, o barco da História não nos conduz para longe de seu porto de referência, e talvez ele nem tenha abandonado sua "enseada" religiosa... De fato, identificou-se em Egriseule, na província de Ernigul ou de Egrigaia, país dos urgurs, onde se encontravam precisamente três igrejas nestorianas "e a nordeste da qual reinava no final do século XIII um dos pretensos Preste João".[76] Quanto à narrativa dos Magos, ela é encontrada nos envangeliários armênios do século VI de Edjmiadzin, capital da Armênia monofisista, além do exemplo de trocas entre os dois monofisismos: o da Armênia e o da Etiópia. Seis séculos mais tarde, o soberano Lalibela, de origem agaou pela dinastia Zagoué, recorrerá aos mestres de obra armênios para edificar na própria rocha as famosas igrejas que levam seu nome, testemunho, mais uma vez, de uma "fraternidade" que engloba a religião e as confrarias de pedreiros "orientais" nesse final de século XII e início do século XIII.

---

75. Cf. nossa obra *Vie et perspectives de la Frac-Maçonnerie traditionnelle*, Gedalge, 1969, terceiro capítulo, "Précisions complémentaires sur la légende des Rois mages".
76. Jean Doresse, *L'Empire du Prêtre Jean*, obra citada.

Capítulo VIII

A Gnose Templária: Corpo Carnal e Corpo Espiritual

> *... O que você me diz a respeito da posição do coração me lembra outra coisa: dizem que existe um "coração sutil" que se localiza simetricamente em relação ao coração ordinário, portanto para o lado direito e que se manifesta até mesmo de maneira sensível em alguns estados; Sri Râmana fez com que muitas pessoas sentissem os seus batimentos...*
> (Carta de René Guénon ao autor, em 25 de maio de 1948)

Essas longas reflexões sobre o aspecto "lendário" das tradições que os Templários puderam conhecer, graças ao pluriconfessionalismo medieval cipriota, não devem fazer com que se esqueça o que as ditas confissões cristãs do Oriente continham, direta ou indiretamente, em matéria de Ritos e doutrinas. Se, como escreve Jean Doresse, naquele momento[77] "a revelação da tradição etíope desviou os olhos dos latinos da Ásia para a África" e "os levou a acreditar que o imperador dessa terra era o Preste João e a situar ali, em sonho, a região dos Reis Magos e do Paraíso", ela não podia deixar de conduzi-los a tomar consciência de outros elementos, estes puramente religiosos.

Claro, o "Templo" está vinculado, de certa maneira, à lenda do Preste João e isso não deixa de ter um significado simbólico após o que foi revelado por Guénon sobre a função dos Templários e a do Preste João. Também sabemos que o manuscrito de Jean de Hildesheim, a *Historia Trium Regum*, aludia à preciosa relíquia dos Magos em posse da família de Vaux, que no século XII se instalou em São João de Acre, e

---

77. Jean Doresse, *L'Empire du Prêtre Jean*, tomo I, "L'Éthiopie antique", obra citada.

garantia ter ela sido destinada ao Grão-Mestre do Templo, e que a Ordem do Templo "dela teria recebido grandes frutos".[78]

Mas este é apenas um dos aspectos das contribuições "orientais". O monaquismo monofisista ocultava uma tradição, exteriorizada na vertente micaelita heterodoxa da Etiópia no século XVI, que influenciou a arte e em particular a das iluminuras de manuscritos. Trata-se da apresentação da cruz, sem o homem crucificado, e associada ao simbolismo do sinal vitorioso. Disso dão testemunhos: o manuscrito do convento Saint-Étienne no lago Haïc, anterior a meados do século XIV, e o manuscrito dito de "Aarão". O Corpo do Cristo está invisível quando os soldados romanos o atingem com suas lanças.

A arte copta, de fato, se revela rebelde a esta figuração de Cristo na cruz. Alguns viram nisso uma influência síria, egípcia ou armênia, talvez também a do docetismo, forma excessiva do monofisismo de tipo "fantasiasta". Outros quiseram realmente, e em nome da muito célebre teoria dos "empréstimos", destinar a essa tradição iconográfica uma origem gnóstica maniqueísta, argumentando que o "maniqueísmo" tinha se espalhado pela Armênia e pela Europa, com os bogomilos, os cátaros e os albigenses. Mas o maniqueísmo tem costas largas. Tudo o que é "gnose" foi reduzido ao "dualismo" e tudo o que é dualista é qualificado de "maniqueísta".

Certamente ainda que o monofisismo etíope se alimente dos livros religiosos siríacos e aceite como seus os livros apócrifos, o de Enoche, os "Jubileus", o "Pastor de Hermas", a "Ascensão de Isaías", o "Apocalipse de Esdras", e o "Kirilos", coletânea teológica que forma a antítese do nestorianismo, às vezes ele cedeu ao "fantasiasmo".

Os adeptos do fantasiasmo afirmavam, baseando-se em São Paulo, que Cristo não era outro senão Melquisedeque,[79] mas sua influência foi de curta duração e o monofisismo ortodoxo rapidamente se restabeleceu. Também é provável que eles compartilhassem de fato as mesmas fontes, revelações e apócrifos, que os falachas, israelitas etíopes, e tivessem acesso a essa gnose judaico-cristã angelológica piedosamente conservada entre os falachas.

---

78. Cf. nossa obra *Vie et perspectives de la Franc-Maçonnerie traditionnelle*, bem como o livro de uma antiga aluna da Escola Nacional de Chartres, Marianne Elissagaray, *Le manuscrit de Jean de Hildesheim*, (Ed. du Seuil).

79. A esse respeito, remetemos o leitor ao que R. Guénon escreveu sobre Melquisedeque em *Le Roi du Monde*. Certamente existe uma misteriosa relação entre o arcanjo Miguel, o sacerdote do "Altíssimo" e o Rei da Paz: Melquisedeque, assim como entre o Anjo da Face ou "Achaddaï" e o Verbo feito carne. Talvez voltemos a esse assunto em outras obras, caso nos seja permitido abordar sem muito perigo semelhante tema.

Cruz processional etíope
Foto: Ethiopian Airlines

Não seria esta uma descoberta perturbadora para os Templários? Ela explicaria que às vezes a soldadesca templária tenha confundido a não representação corporal de Cristo com uma "negação" da cruz? Alguns depoimentos templários, durante o processo, poderiam levar a pensar que a doutrina do monofisismo oriental não era desconhecida da Milícia. Assim, Gérard du Passage declara, em 28 de abril de 1310, a respeito da cruz: "Nada mais é do que um pedaço de madeira, Nosso Senhor está no céu", e Beaumont, em 28 de novembro do mesmo ano, garante que lhe disseram para "não acreditar nessa imagem, mas no senhor que está no paraíso".

Aroux,[80] que de bom grado cita Matter e sua *História crítica do gnosticismo*, ataca a iniciação maçônica e os "fiéis do Amor", ou zomba

---
80. Cf. E. Aroux, *Dante hérétique, révolutionnaire et socialiste. Révélations d'un catholique sur le Moyen Âge*, Ed. Niclaus, 1939, obra citada.

da "verborragia algébrica" da obra de Dante, descobre, por outro lado, no vocabulário do poeta, que "cheira a enxofre", o das "crianças da luz" atribuída aos gnósticos. Para o detrator de Dante, a "linguagem secreta dos sectários" contém, entre outras, uma prova da heresia por sua identificação da Mãe de Deus com a Jerusalém celeste.

Ora, curiosamente, entre as contribuições feitas em oposição às seitas extremistas do monofisismo etíope, destacamos, além da negação da corporalidade de Cristo na cruz e a recusa da adoração das imagens, a transposição simbólica da veneração da Mãe de Cristo para a Jerusalém celeste identificada à Virgem... Acusação bem mal fundada neste último caso, uma vez que a mais autêntica mística mariana nunca deixou de estabelecer uma correspondência simbólica entre a cidade celeste, a *Mulier Amicta sole* e a Virgem. Mas, em relação ao crucifixo, ou mais exatamente ao homem, não seria este o momento para relembrar que o primeiro cristianismo venerava apenas uma cruz brilhante e gloriosa, símbolo de eternidade? Somente bem mais tarde um Cristo impassível e sereno a adotará, antes que por sua vez ele ceda seu lugar ao Cristo de sofrimento e ao homem...

A história do crucifixo retraça as etapas da civilização cristã, e é preciso esperar que ela não resulte, ao final da absorção no "humano", na "morte de Deus"!

Aliás, é em memória a essa representação gloriosa da Cruz que esta ainda é recoberta por um véu na Sexta-Feira Santa; caso se tratasse apenas de dissimular "o homem sofrido" morto sobre ela... este costume não teria nenhum sentido! Vemos, portanto, que existe uma enorme distância entre essas concepções e as acusações de heresia formuladas contra o Templo, e que as ditas concepções teriam muito bem podido passar do monofisismo à Ordem do Templo, exatamente na ocasião dos contatos entre a milícia e os "Orientais".

De fato, é possível que os ditos contatos não se tenham limitado apenas às confissões cristãs do Oriente, cuja implantação nós já repertoriamos em Chipre.

Em virtude de seu "estado espiritual", alguns Templários certamente puderam se comunicar com personagens que "bebiam do mesmo vinho do conhecimento", e que pertenciam ao sufismo mutasawwif* dos graus superiores. Então, é com aquilo que é qualificado como "Rosa-Cruz" que estamos lidando e que, aplicando-se a uma realização do ser, é independente das separações formais. Citemos René Guénon: "... o estado espiritual que ele tinha atingido (o "Rosa-Cruz"

---

* N.T.: *Mutasawwif*, aquele que aspira ser um Sufi.

assim definido) estava além das diferenças existentes entre as formas tradicionais".[81]

É isso o que desajeitadamente Aroux pressente na seguinte observação: "A *Ordène de chevalerie*, poemas com cerca de 500 versos, escrito no dialeto picardo por volta do início do século XIII, informará como, em 1187, a Ordem de Cavalaria foi concedida a Saladino por Hugo de Tabaria, corrupção de Tiberíades, mito que se vincula às relações secretas dos Templários e do Sudão".

Havia algum resquício de uma "heresia" nessa unidade espiritual "no ápice"? Pretendê-lo seria fazer pouco caso de uma doutrina da Igreja rigorosamente ortodoxa: a do "corpo místico" que, em termos apropriados ao cristianismo, não ignora nada das realidades carismáticas do Espírito e justifica o sentido original da palavra "catolicismo".[82]

Seja como for, a relação entre o que se convencionou chamar "o estado de Rosa-Cruz", a Cavalaria como via iniciática, e a Ordem do Templo, é suficientemente conhecida desde os trabalhos de René Guénon, para que esta relação não nos reconduza, mais uma vez, a essa Ilha de Chipre e às transmissões templárias.

É verdade que a alusão aos "Rosa-Cruzes", relativa aos vínculos contraídos pelos Templários na Terra Santa e em Chipre, leva a supor por parte deles uma relação mais estreita com o islã do que com os cristãos orientais.

Não contestamos isso. Mas, nessa perspectiva, convém observar que uma osmose entre o Templo e o cristianismo monofisista e nestoriano não exclui a existência de contatos entre os Templários e os habitantes com o esoterismo muçulmano. Aliás, existe mais de um ponto comum entre este último e certas concepções originais do cristianismo conservadas nas Igrejas do Oriente e que dizem respeito à significação do Corpo glorioso e da Ressurreição. Sempre é bom se lembrar desse

---

81. Releremos o que disse R. Guénon a esse respeito nos *Aperçus sur l'initiation* (cap. XXXVII e XXXVIII). O papel atribuído aos Rosa-Cruzes de elo entre o Oriente e o Ocidente, sua retirada simbólica para o "reino do Preste João", sua unidade no "Templo do Espírito Santo": enfim, sua afinidade iniciática com a Ordem do Templo e seu "dom das línguas" em referência à língua angélica dos pássaros, são muitas das noções diretamente relacionadas ao que desejamos entrever nessa relação "histórica".
82. Para o islã, essa intelecção central e universal é admiravelmente ilustrada pelo poema de Ibn'Arabi: "Até este dia eu recusava meu companheiro – Quando meu coração não professava a mesma religião dele – Agora meu coração se tornou capaz de todas as formas – É um prado para as gazelas e um convento para os monges cristãos – Um templo para os ídolos e a Caaba do peregrino – as tábuas da Torá e o livro do Corão – Eu professo a religião do amor, e não importa a direção tomada por sua montaria – O amor é minha religião e minha fé.

monge nestoriano a quem a Tradição atribui a revelação da missão profética de Maomé...

Sob outro ponto de vista, e agora em relação à percepção "central" própria ao esoterismo, é preciso lembrar que não poderia haver divergências conceituais entre formas diferentes e que, a partir de então, as oposições confessionais que poderíamos alegar em oposição às relações plurimonoteístas da Ordem do Templo não subsistem nesse nível.

Enfim, o encontro entre o Sufismo ou o esoterismo islâmico e o esoterismo cristão cavaleiresco pode muito bem ter se exercido por intermédio dos grupos cristãos presentes em Chipre e nessa "Síria" lendária que Aroux abomina.

Contudo, levando-se em consideração a área de expansão geográfica da etnia "síria", poderia ser então o islã iraniano, xiita e ismaelita, que garantiu a função de interlocutor doutrinal do Templo. A existência de um "templarismo" ismaelita em El-Alamût traria um elemento de prova.

Seria necessário poder recorrer aqui aos dados do imamismo sobre a forma gloriosa do "Corpo de ressurreição", e citar em relação a isso certas passagens do apóstolo sobre o mesmo assunto. Assim, a primeira epístola aos Coríntios, cap. XV: "Semeado na corrupção, o corpo ressuscita incorruptível... O que afirmo, irmãos, é que nem a carne nem o corpo nem o sangue podem herdar o reino de Deus, e que a corrupção não herdará a incorrupção".[83]

Sem dúvida, vemos se desenhar, a partir de então, uma cristologia que tende mais à deificação do homem interior do que à "materialização corporal" de Deus e à "socialização" da fé. Todo o significado da Encarnação, da Cruz e da Ressurreição está em jogo em relação a essas perspectivas familiares ao xiismo e às "heresias" do Oriente cristão... Talvez provenha dessa fonte a não representação do Crucificado e a exaltação, *a contrario*, da Cruz de Luz, âncora eterna de uma teofania de eleição salvadora?... Cristologia da *Caro spiritualis Christi*[84] inerente à gnose dos primeiros séculos cristãos, mas cristologia que pode justificar a recusa da adoração do Crucifixo.

---

83. O uso de uma cruz peitoral sobre uma placa oval ornada de pedras preciosas em que se encontra encastoada a imagem da Virgem e de Cristo foi emprestada pela Igreja Armênia à ortodoxia grega. A "Panaïa" ortodoxa se tornou assim a "Panagué" Armênia. Mas tradicionalmente, a Igreja Armênia utiliza uma pequena cruz de mão, de metal, munida de quatro braços iguais e com raios intermediários, sem representação de Cristo. (Cf.; Malachia Ormaniam, *L'Église arménienne*, imprensa pelo *catholicossat* armênio da Cilícia, 1954.)
84. Esta carne espiritual "não aparece nem desaparece segundo as leis da biologia e da historicidade material, a do nascimento e da morte física" (H. Corbin, *En islan iranien*, obra citada, tomo IV, página 331).

De fato, essas considerações sobre o "Corpo de carne corruptível" e finalmente sobre o "ego" distinto do Ser – ou do Si – tornam difícil a descoberta de um ponto de equilíbrio entre o angelismo utópico e a deificação da matéria, entre "a alienação" idealista e o messianismo social.

Voltando ao nosso estudo, é preciso observar que um dos componentes da Gnose, a Alquimia, esse ramo do hermetismo cuja vitalidade já assinalamos no seio das comunidades nestorianas, coptas e xiitas, possuía a solução para esse problema de equilíbrio entre o céu e a terra. Conhecemos sua fórmula latino medieval do *Solve et Coagula*. Dissolução do "espesso" que coincide com a corporização do sutil, dissolução da substância e coagulação da essência, ou ainda espiritualização do Corpo e corporificação do Espírito. Seja qual for a definição adotada, reteremos que não se trata de uma "deificação do corpo grosseiro" e corruptível, mas de uma "transfiguração gloriosa" desse "Corpo,[85] de uma "transformação" em "matéria imaterial", se assim podemos dizer. O mesmo ocorre com a ordem macrocósmica: a Jerusalém celeste "desce do Céu" e não se confunde com a Jerusalém terrestre que "passa", como este mundo e sua glória. E o mundo que vem *Olam habba* – o do Reino – é feito de "novos céus e nova terra" e não depende de uma evolução "deste" mundo, *Olam hazeh*, "este" mundo que "já está condenado" e do qual não há nada a esperar de um aperfeiçoamento da matéria visceral e sociomental ou psíquica.

Mesclar as duas concepções significa ou postular em favor de um dualismo que proíbe toda "realização" verdadeira, ou confundir a realidade do Ser, em sua perfeição, com suas projeções manifestadas e impermanentes. E significa finalmente considerar o impermanente e o efêmero como absoluto!

Podemos admitir então que a tese da verdadeira gnose assim apresentada, a mesma que no fundo é inseparável do ensinamento simbólico próprio a todas as vias iniciáticas, tenha implicado uma concepção da Carne e do Sangue de Cristo que exclui a adoração do corpo humano crucificado.

---

85. Em relação ao monofisismo oriental, parece que a representação do Crucificado – de um naturalismo então bastante corporal e "sangrento" – só aparece realmente na iconografia etíope após o século XIV ou XV, isto é, sob a influência do Cristianismo latino.
As cruzes de uma época mais antiga, sobretudo a cruz da procissão, são desprovidas de relevo "corporal"; às vezes elas são gravadas, talhadas, cinzeladas, e sua figuração "plana" – isto é, secundária em relação à forma da cruz, muitas vezes recortada e polissêmica em seu ensinamento – atribuída à Virgem, aos anjos e aos santos. Também é possível que se descubra um Crucificado pintado sobre a página de um manuscrito, mas sem a cruz (manuscrito etíope 105 da Biblioteca Nacional de Paris, sem dúvida datando do século XV).

✠

Os Templários talvez tenham recebido esses legados "gnósticos" preservados no Oriente cristão e nas confrarias muçulmanas.

Para o islã xiita, os trabalhos de Henry Corbin evidenciaram de uma forma admirável a confluência com as gnoses nestoriana e pitagórica, a importância doutrinal das teofanias e da angelologia, enfim, a semelhança das buscas cavaleirescas, templária e xiita, e este último ponto nos leva de volta ao coração de nosso estudo.

Corbin destaca, por exemplo, na obra de Sohrawardi, marcas que "da epopeia heroica à epopeia misteriosa do Irã nos colocam no caminho de uma tradição paralela à da gesta de Parsifal, assim como elas nos colocam no caminho da esfera do Graal",[86] mas ele constata também que "o personagem de Parsifal e o do Preste João interferem como se Parsifal-Preste João fossem então o polo de todos os Joanitas, de todos os que creem na Igreja de João, na Igreja joanita, assim como na Igreja do Graal invisível. Ora, nesse joanismo vibra a fé no Paracleto – esse Paracleto que alguns de nossos teósofos xiitas identificam, como já vimos, ao Duodécimo Imam, o Imam presentemente oculto".[87]

E eis que então a respeito do islã iraniano, nós reencontraremos a menção ao rei-Preste João, esse personagem tão fabuloso quanto Melquisedeque, rei de Salem e Padre do Altíssimo, e cuja presença assinalamos entre os nestorianos e os coptas monofisistas na época medieval e nas lendas templárias. A relação entre o Templário do Graal, "Parsifal", e o Preste João é, portanto, repleta de interesse, e isso ainda mais porque ela se "polariza" no "joanismo". Em que medida de fato poderíamos dissociar o Templarismo e a... Maçonaria templária, de certo "joanismo", ou pelo menos de uma veneração particular pelo Ângulo de Patmos...aquele que justamente deu seu nome às "Lojas de São João"?

Mas também em que medida dissociar este joanismo de uma vocação à Gnose, ao Conhecimento, estando este justamente ligado à compreensão do sentido simbólico, a uma compreensão da Unidade da manifestação e de seu princípio, e à superação da dualidade inerente ao ego individual, institucional ou cósmico?

A Gnose subjacente às veias cristãs do Oriente, transmitida pelas didascálias nestorianas e "sírias" e veiculada por meio das narrativas lendárias coptas e monofisistas, teria então apresentado um perigo tal

---

86. *En Islan iranien*, N. R. F., Gallimard, 4 volumes, obra citada, tomo IV, "L'hagiographie do XII Imâm".
87. *Id.,* tomo II, "Sohrawardi et les Platoniciens de Perse".

que, na hipótese de sua recepção pelos Cavaleiros do Templo, ela justificou o longo martírio e a destruição visível destes últimos, herdeiros pressupostos da "Luz oriental"?

Ou se deveria antes admitir, assim como Corbin, que "a recusa de tudo o que é "gnose" é inspirada por um racionalismo dogmático sob o qual se dissimula um agnosticismo consciente ou não"?[88] Portanto, mais uma vez é de Corbin que tomaremos emprestadas as seguintes linhas consagradas à Gnose e que são tão sugestivas para nós que tentamos apreciar a natureza e o valor do dom feito pelo Oriente aos Cavaleiros da Terra Santa:...*A laicização ou secularização da consciência teológica pode ser particularmente constatada na redução do messianismo teológico a um messianismo social puro e simples. A escatologia laicizada não dispõe mais de uma mitologia do sentido da história.*

Não se trata de um fenômeno repentino, mas de um longo processo. "Laicização" não quer dizer substituição do poder espiritual por um "poder secular", pois a própria ideia de um "poder espiritual", materializado em instituições e que se expressa em termos de poder, já é a laicização e a socialização do espiritual. O processo está em andamento a partir do momento que se atacam, como se fez durante séculos, todas as formas de gnose, sem que a Grande Igreja, separando-se da Gnose, pressentisse que ela preparava ao mesmo tempo a era do agnosticismo e do positivismo...

Ao seu magistério dogmático substituiu-se apenas o imperativo social (as normas coletivas). Aquele que era o "herético" se tornou o "desviacionista", quando não se diz simplesmente "inadaptado". Pois acaba se explicando qualquer fenômeno de religião individual, qualquer experiência mística como uma dissociação do indivíduo de seu "meio social". O "reflexo agnóstico" paralisa qualquer veleidade de acolhida em relação aos testemunhos de um "outro mundo". É pungente constatar a obsessão que hoje agita amplas parcelas do cristianismo: o medo de não ser considerado "deste mundo", e por esta razão de não ser levado a sério. Então nos cansamos tentando "ser de seu tempo", proclamar a "primazia do social", concordar com as "exigências científicas", etc., e esta corrida insignificante leva a esquecer o principal. N. Berdiaev enunciou o diagnóstico exato: a grande tragédia está aí, no fato de que o cristianismo, sob suas formas oficiais e históricas, sucumbiu à tentação que Cristo tinha rejeitado...[89]

---

88. *En islam iranien*, obra citada, tomo I, "Aspects du Shî'isme duodécimain, le combat spirituel du Shî'isme", página 90.
89. *En islam iranien*, vol. I, "Shî'isme et Iran", página 23.

... a mesma teologia acabou atribuindo ao pensamento mítico o que não tem nada a ver com ele, e isso afinal é característico do pensamento dogmático racional, ou seja, a objetivação *da ação divina no plano dos acontecimentos do mundo. Afirmam-nos que o mito deve ser interpretado "existencialmente" e não cosmologicamente. Mas em que a segunda interpretação exclui a primeira? E por que então imputar à Gnose o que é o seu contrário? É dessa forma que a ideia gnóstica da Redenção é acusada de reduzir o ser do crente a um dado deste mundo, ao passo que para o Novo Testamento o ser do crente permaneceria exterior a este mundo. É estranho que sejam a esse ponto desconhecidas a ideia gnóstica do Pleroma e dos acontecimentos desse Pleroma, a ideia da preexistência das almas e do* limite, *a "cruz" (stavros) que separa deste mundo o Pleroma.*

Seria necessário esperar que se desconhecêssemos um pouco menos tudo o que se chama Gnose em geral, seus adversários falariam de outra maneira? Enquanto isso, a mesma teologia a-gnóstica está reduzida a justapor o acontecimento da Cruz do Calvário como sendo um fato histórico, *e o acontecimento da Ressurreição como não sendo um, porque seu único vestígio histórico são as* visões *dos primeiros discípulos. Este supremo exemplo também é a confissão de uma demissão, a confissão de uma total impotência em conceber que as visões tenham a realidade plena dos* acontecimentos *– acontecimentos cuja realidade, tempo e lugar não são aqueles da história profana, mas aqueles que são próprios àquilo que nossos teósofos no Islã designaram como o oitavo céu...*[90]

✠

O que acabamos de escrever sobre a Gnose, a Cruz, a busca cavaleiresca, o papel dos cristãos monofisistas ou nestorianos, o dos Templários, a "função" catalisadora da ilha verde cipriota, etc., permite compreender porque Aroux pressentiu na famosa "Síria" – localizada além do mais em Chipre – a origem da heresia templária e daquela atribuída ao *Doctor Poeticus,* ao qual o papado felizmente prestou justiça.[91]

De fato, Aroux tinha realmente descoberto no Amor cortês e no dos "Fiéis do Amor" a continuação do ensinamento do Templo e da

---

90. *Ibid.*, vol. I "Le phénomène du Livre Saint", página 164.
91. Carta de Bento XV ao arcebispo de Ravena em 1914 para o sexto centenário de Dante: *Alighierus noster est*, e encíclica de Bento XV, 30 de abril, *In preclara summorum copia hominum*. Já em 1892, Leão XIII declarava Dante "como uma glória ilustre da cristandade [...] que jamais se distanciou da verdade cristã... mas alimentou a chama de seu gênio natural pela inspiração da fé divina". (Citado pelo R. P. Auguste Valensin, S. J., em *Le Christianisme de Dante*, edições Aubier.)

abominada "Síria... Portanto, ele acabará englobando, sob o mesmo motivo de acusação, tudo o que se vincula, de perto ou de longe, à Gnose e ao Sufismo "persa", cujas afinidades intelectuais e "místicas" com as comunidades cristãs da Ordem formam em Chipre, em particular, o entorno espiritual da Ordem do Templo.

A reprodução da análise feita por Aroux do capítulo X do *Paraíso* é o melhor resumo do seu pensamento: "...Talvez não houvesse, nos tempos de Dante, Cavaleiros do Sol, mas com certeza existia um bom número de Cavaleiros do Templo, já que sua Ordem só foi suprimida em 1312; ora, ele (Dante) se mostra animado por um zelo demasiado ardente em favor deles para não ter sido um de seus numerosos afiliados; mas não importa a opinião que se adote a esse respeito, é preciso dizer que os francos-maçons emprestaram de Dante a maioria de seus símbolos, ou que ele buscou os seus nas mesmas fontes, e então nós também só poderíamos procurá-los entre os Templários, há tanto tempo em constantes contatos com o Oriente, com os diversos herdeiros do sincretismo alexandrino, tanto gnósticos quanto sarracenos, iniciados no sufismo persa".[92]

---

92. É hora de relembrar a opinião de René Guénon sobre E. Aroux, opinião que ele expressou em um relatório da reedição do *Dante hérétique et révolutionnarie*. Nós citamos:
...Aliás, é evidente que a interpretação de Aroux evoca muitas reservas e tem necessidade de ser retificada em muitos pontos, começando pelas imputações formuladas sobre Dante já no título; já nos explicamos, em L'Ésotérisme de Dante, *o que é necessário pensar sobre a acusação de "heresia" que em suma não repousa senão em uma confusão entre os dois campos exotérico e esotérico, ou, se quisermos, iniciático e religioso. Aroux, além do mais, ignorava visivelmente tudo da natureza real da iniciação; por isso, no emprego de uma linguagem secreta e simbólica, que uma simples precaução destinada a dissimular aquilo que poderia ter sido perigoso de ser dito abertamente, pois ele parece conceber as organizações iniciáticas apenas como vulgares "sociedades secretas", com tendências mais ou menos políticas, como as tantas que existiram na primeira metade do século XIX; a mentalidade particular dessa época é sem dúvida responsável também pela ideia antes paradoxal de fazer de Dante, defensor da concepção de uma monarquia universal que o "Santo Império" deveria ter realizado, um precursor do "socialismo" e das utopias revolucionarias de 1848. Outro erro singular é aquele segundo o qual as organizações iniciáticas da Idade Média, transformadas em "seitas" pela incompreensão de seu verdadeiro caráter, teriam tido doutrinas "racionalistas"; não apenas existe aí um anacronismo, mas o "racionalismo", desde que ele existe, sempre foi o adversário e o negador mais irredutível de qualquer esoterismo, e esta é mesmo uma das partes mais essenciais de seu papel no desvio do mundo moderno. Existe, aliás, na atitude de Aroux, observemos de modo incidente, algo que dá uma impressão um pouco estranha: parece que suas declarações católicas "soam falsas" por sua própria exageração, de forma nos sentimos tentados a perguntar para qual lado realmente iam suas simpatias sob o duplo ponto de vista religioso e político, ainda mais que a maneira pela qual ele apresenta Dante coincide em suma com a de Rossetti, cujas tendências aparentes eram bem opostas...*

Previnamos, no entanto, qualquer mal-entendido sobre o sentido a ser dado à Gnose e aos elementos que os guardiões da Terra Santa poderiam ter transmitido. O erro consistiria de fato em reduzir a Gnose ao que geralmente se compreende pela expressão "gnosticismo" e "dualismo gnóstico".

Neste último caso, trata-se de uma exteriorização contrária à natureza profunda ou à significação da Gnose e que conduz aos desvios eclesiais, portanto às heresias, como já observamos anteriormente.

A Gnose é apenas o Conhecimento como quer sua etimologia e como bem indicam os substantivos ou verbos criados em inúmeras línguas a partir das consoantes mães: GN, ZN (*znack* e *znati* em russo: signo e conhecer), JN (*Jnâna* hindu), *Tch'n* e *Zen* (para a tradição chinesa e budista), KN (o "Kahn" mongol segundo as observações feitas por René Guénon, em *O Esoterismo de Dante* e *O Rei do Mundo*, e para as línguas germânicas e anglo-saxãs, os verbos: *kennen-können, to know,* etc.), enfim, CN e CGN para as línguas greco-latinas: *cognoscere, connaître* e *générer*.

Ora, o "nascimento-com" supõe a identificação entre o sujeito e o objeto na unidade do ser. Podemos dizer que a Gnose não é uma "ciência" que se aprende nos livros escolares, mas um "estado de ser" obtido e facilitado pela compreensão do simbolismo, pela percepção do sentido esotérico dos dogmas ou verdades reveladas (e o mundo todo também é uma verdade "revelada') e pela germanização de uma influência espiritual inclusa nos Ritos apropriados. É o seguinte conjunto: simbolismo, esoterismo e veículo ritual "despertador", que é retido e comunicado pelas organizações conservadoras da Gnose.

Portanto, a Gnose, ou Conhecimento, necessariamente exclui todo dualismo ou toda dualidade. Ela está além das oposições, por razão metafísica. Una, invariável e eterna, ela se reflete no seio de toda tradição de que ela constitui a modalidade geradora e governatriz, assim como ela alimenta o seu esoterismo. Centro e totalidade manifestada, essência e substância como realidade principiante, a Gnose é única e, dessa maneira, pode ser considerada como o "ambiente" de todas as esferas tradicionais, "ambiente" de que todas procedem, pelo qual todas subsistem e onde todas desembocam. Grau supremo de realidade salvadora e de expressão metafísica, ela é então o "Centro de todos os Centros", como diz uma litania do Coração de Jesus, e este é de fato o lugar simbólico do Verbo nessa antropomorfose divina de Cristo.

Em consequência, a Gnose é o oposto de todo "dualismo", e não poderia se resolver em "seitas" porque a unidade metafísica não pode ser o resultado de adições "setoriais", assim como ela não pode se fragmentar em pedaços, partes ou "seitas".

Apenas a sua apresentação se colore de tons diferentes, segundo a economia tradicional de referência: Hinduísmo, Judaísmo, Cristianismo, Islã, etc.

A partir de então, no simbolismo cristão da Cruz, a não figuração do corpo humano não é uma negação deste último – perfeitamente autêntico em seu nível de realidade, e além do mais exemplarmente representativo desse nível. O que é negado é o "ego" psicossomático considerado como modelo ou estagnação divina.

A rejeição diz respeito, portanto, ao ego possuidor do universo corporal e mental, por meio do qual, aliás, esse "eu" se afirma para se substituir ao Ser e ao Si. A não figuração do corpo corresponde no zen-budismo – que precisamente baseia a técnica realizadora no exercício do corpo e, sendo assim, está bem longe de negar a realidade corporal – à célebre resposta: "Se encontrares o Buda... mate-o!".

O que permanece na luz transfiguradora da Cruz é o "Corpo" divino em sua perfeição da forma, que não se assemelha a nenhum outro, e que é "antes de Abraão ter sido". Portanto não é o corpo visceral, mental e contingente de uma humanidade "histórico-social" não menos contingente, mas o Corpo único de uma "eleição" espiritual não menos única e pessoal.

O Eterno não poderia ser assimilado ao que tem um começo e, portanto, um fim. A esse respeito, e por mais paradoxal que isso possa parecer, a Gnose é em primeiro lugar humanamente Desconhecimento. Sua primeira e mais alta especificação se atém na exposição divina feita no Sinai: "Eu sou quem eu sou", ou "O Ser é o Ser".

Citemos mais uma vez H. Corbin:

...Quanto à palavra "gnose", ela é uma daquelas que provocam os piores mal-entendidos, na exata medida em que ela é solidária de um esoterismo não menos mal compreendido. Seria necessário lembrar que atualmente os pesquisadores ressaltam em especial que o termo "gnosticismo", designando os sistemas gnósticos dos primeiros séculos da Era Cristã, não recobre a totalidade do fenômeno "gnose"? Portanto, não é preciso procurar em tudo o que é gnose o equivalente exato desses mesmos sistemas. Existe uma gnose judia, uma gnose cristã, uma gnose islâmica, uma gnose búdica. A infelicidade é que, superficialmente informados, muitos falam da Gnose como de uma mitologia, por dispor desse universo apenas aquilo que nossos filósofos nos ensinarão a conhecer como mundus imaginalis. *Ou falaremos dela como de um sa-*

ber, uma racionalização que substitui a fé, esquecendo-nos precisamente de que a Gnose, porque é gnose, ultrapassa toto caelo *essa maneira de colocar o problema em termos de crer e de saber. A Gnose é, como tal, conhecimento salvador ou salvante: salvante porque conhecimento, e conhecimento porque salvante. É, portanto, um conhecimento que só pode ser atualizado por meio de um novo nascimento, um nascimento espiritual. É um conhecimento que traz em si, como tal, um caráter sacramental. A partir deste ponto de vista, a ideia de gnose é inseparável da ideia de conhecimento místico (*ma'rufat, 'irfân*). Encontraremos aqui o exemplo tanto na gnose xiita (*'irfân e sî'î*) quanto no Ishrâq de Sohrawardî. Também a partir deste ponto de vista, qualquer recusa da gnose, por mais "piedosamente" motivada que ela seja, contém em si o germe do agnosticismo. O agnóstico não é, como quer o uso banal da palavra, aquele que recusa uma fé confessional, mas aquele que, pronunciando o divórcio entre o pensamento e o ser, se fecha em si mesmo e quer fechar aos outros o acesso aos universos abertos pela gnose e cujos dados imediatos têm como lugar o "mundo interior", isto é, "esotérico". Tudo isso nos parece essencial para compreender os pensadores que serão abordados aqui.*

A palavra "teosofia" também se torna suspeita. E mais uma vez é aconselhável pensar etimologicamente. Lembraremos, sempre que necessário, que a expressão árabe hikmat ilâhîya *é o exato equivalente do grego* theosophia*; ela designa essa "sabedoria divina" que não tem apenas por objeto o ser enquanto ser, mas os universos espirituais para os quais a gnose abre o acesso. Seu órgão não é nem as faculdades de percepção sensível, nem o intelecto raciocinante, mas uma terceira atividade da alma que é a intuição íntima, percepção visionária interior (*kashf, moshâhadat*), etc.*[93]

Todos esses esclarecimentos talvez não sejam inúteis, quando as dificuldades do Cristo conduzem o homem do nosso tempo, privado de inspiração espiritual e incapaz de se elevar para além das ambiguidades e contradições, a se engajar nesta ou naquela das duas vias sem saída que a ele se oferecem:

• via de um angelismo idealista que ignora a realidade, física e humana, do "Eis o homem" e que, por essa razão, esvazia o cristianismo de seu significado transcendental para a natureza humana e o estado humano por inteiro;

• via de uma socialização divina, cega à luz da carne espiritual do Ressuscitado, que reduz o cristianismo ao nível das obras sociais e sindicais e finalmente prega a "morte de Deus".

---

93. *En islam iranien*, obra citada, tomo I, "Le Shî'isme duodécimain", prólogo, páginas XV e XVI.

Nos dois casos, onde está então a Boa Nova? Não seria necessário, para perceber a sua incomensurável natureza, empreender essa longa viagem ao tempo da Cavalaria e por terras atormentadas como a carne do mártir – Chipre, por exemplo, – ou aos impérios sagrados que talvez se dispõem a apagar um longo passado já petrificado – a Etiópia, por exemplo? Não seria, mais uma vez, necessário abrir o dossiê da milícia templária? Essa milícia a quem se aplica a advertência de Börte, o ancestral da linhagem oriunda de Gêngis Khan e mongol-nestoriana:

A Águia faz seu ninho no topo de uma grande árvore,
Mas quando ela se distancia por muito tempo,
Pássaros bem inferiores tentam devorar seus ovos ou seus filhotes.

Esta milícia que talvez tenha se esquecido de onde ela tirou sua potência:

Um único Deus no Céu
E o Khan na Terra.

... como lembra o selo do inflexível imperador Gêngis Khan.

☩

Aqui se inicia uma narrativa que vai além do limite fixado a esta obra: o do processo templário.

Talvez venhamos a evocá-lo por ocasião de um estudo mais aprofundado sobre as trocas entre a Cavalaria e a Cidade Santa e os orientais mediterrâneos e mongóis, e retornemos à Ilha de Vênus.

Certamente tudo foi dito, pelo menos, a respeito deste caso templário repleto de consequências para o destino espiritual do Ocidente.

No entanto, o que acontece com os mistérios templários não é o mesmo que acontece com esse tesouro de que o escriba instruído do Reino do Céu extrai incessantemente o Antigo e o Novo?

O "Antigo" acaba quando as oito pontas da cruz cavaleiresca iluminam as fronteiras do Oriente no mesmo instante em que a Idade Média termina.

O "Novo" brilha nas trevas do século XIV quando o novenário templário dos Fiéis do Amor prepara a eclosão de iniciações guardiãs da herança, eterna e única como o Tesouro divino.

Nova et Vetera

Um preceito evangélico ao qual responde de forma admirável a divisa templária, tirada de um salmo...

Non nobis Domine, sed nomini tuo da gloriam.

Capítulo IX

À Margem do Processo...

> *Vejo o novo Pilatos, tão cruel e ainda insatisfeito,*
> *todavia, sem lei leva ao Templo os desejos cúpidos.*
> (Purgatório XX)

Antes de encerrar esta obra e de considerar a revisão do processo templário, temos um dever a cumprir.

Ainda que os capítulos anteriores tenham contribuído para colocar em seu devido lugar as calúnias relativas à negação do cristianismo pelos Templários, eles não nos ofereceram, no entanto, a ocasião para restabelecer a verdade quanto à participação de certas ordens religiosas ou militares – como as famosas *Gaudenti* italianas – no processo de heresia intentado contra os companheiros de Jacques de Molay.

Aroux, tantas vezes citado ao longo do nosso estudo, não perdeu a ocasião e se aproveitou do encarceramento no inferno de dois Cavaleiros *Gaudenti*, na *Comédia*, para sustentar sua acusação de "heresia oriental" e de gnosticismo do Templo, e mostrar uma hostilidade entre a Ordem dominicana e a do Templo. Vejamos do que se trata.

Claro que não nos propomos neste momento a abrir o debate sobre a culpa hipotética da Ordem mártir e sobre a responsabilidade que uns e outros incorreram em seu processo. Existe sobre este ponto uma infinidade de livros documentados realizados por historiadores eruditos. Desejamos apenas que um dia uma tese sobre o caso templário seja empreendida por algum pesquisador que não sacrifique nem ao mito do historicismo, nem à famosa teoria dos "empréstimos", nem ao sectarismo antirromano – como foi muitas vezes o caso de autores favoráveis aos Templários –, nem ao dogmatismo peremptório e limitado, como é ainda o caso de tais "antitemplários", irremediavelmente impermeáveis a qualquer compreensão do simbolismo e desprovidos de qualquer inteligência espiritual autêntica.

Nós nos limitamos a esta passagem de Guénon que oferece a chave de muitas coisas, quer se trate da posição de cada um em relação aos Templários e sua filiação espiritual, quer se trate do julgamento a ser feito com base nos dados tradicionais e na distinção entre o esoterismo e o exoterismo, quer se trate enfim da atenção que deve ser dada aos inúmeros "sinais dos tempos" de nossa época.

...os "conselheiros" de Felipe, o Belo, muito antes dos "humanistas" do Renascimento, são os verdadeiros precursores do "laicismo" atual: e é nessa época, isto é, no início do século XIV, que se deve realmente localizar a ruptura do mundo ocidental com sua própria tradição. Por razões que seriam demasiado longas para expor aqui e que, aliás, já indicamos em outros estudos (cf. principalmente O Esoterismo de Dante*), pensamos que o ponto de partida desta ruptura foi nitidamente marcado pela destruição da Ordem do Templo; lembraremos apenas que esta constituía uma espécie de vínculo entre o Oriente e o Ocidente, e que, no próprio Ocidente, ela era, por seu duplo caráter religioso e guerreiro, uma espécie de traço de união entre o espiritual e o temporal, ainda que esse duplo caráter não deva ser interpretado como o sinal de uma relação mais direta com a fonte comum dos dois poderes (ver a esse respeito nosso estudo sobre São Bernardo; ali nós assinalamos que as duas características do monge e do cavaleiro se encontravam reunidas em São Bernardo, autor da regra da Ordem do Templo, por ele qualificada como "milícia de Deus", e por essa razão se explica que ela teve de representar constantemente o papel de conciliadora e de árbitro entre o poder religioso e o poder político). Talvez estejamos tentados a objetar que essa destruição, caso tenha sido desejada pelo rei da França, foi pelo menos realizada em acordo com o papado; a verdade é que ela foi imposta ao papado, o que é bem diferente; e foi assim que, invertendo as relações normais, o poder temporal começou a partir de então a se servir da autoridade espiritual para fins políticos.*[94]

Consequentemente, essas observações complementares têm apenas a ambição de trazer alguns esclarecimentos sobre questões secundárias mais ou menos ligadas às afirmações de Aroux.

Em uma obra recente,[95] Charpentier observava: "A Ordem de São Domingos que foi, mais tarde, o seu pior inimigo (dos Templários), também parece ter desejado, senão dirigi-los pelo menos utilizá-los, se

---

94. *Autorité spirituelle et pouvoir temporel*, capítulo VII: "Les usurpations de la royauté et leurs conséquences".
95. *Les Mystères templiers*, ed. Robert Laffont.

acreditarmos em Grouvelle.⁹⁶ O vínculo íntimo, escreve ele, que existiu entre os Templários e os Dominicanos não deixa de ser uma notável singularidade. Em sua assembleia geral, em 1143, os Dominicanos decidiram que todas as vezes que um deles, como confessor, assistisse ao testamento de alguém que estivesse morrendo, ele se dedicaria a garantir um legado aos Templários. Isso se explica pela necessidade dos Dominicanos recuperarem o crédito entre as famílias ilustres. A explicação para que mais tarde tenham traído, acusado, oprimido, torturado e queimado seus benfeitores se deve a outro tipo de interesse. Uma vez que não conseguiram dirigir o Templo, eles se dedicaram a criar uma nova Ordem de Cavalaria: "os Frades Alegres", ou Gaudentes (*Gaudenti* na Itália). Fundadas em 1209 durante a Cruzada de Simão de Montfort contra os albigenses, os Gaudentes foram postos sob a direção dos Dominicanos. Eles fizeram parte do processo contra os Templários e obtiveram uma boa parte dos bens da Ordem".

A citação de Grouvelle feita por Charpentier não vai mais adiante. Aroux, ao analisar o canto XXIII do *Inferno*, em que é descrito o fosso reservado aos hipócritas, observa que dois frades "Gaudentes" são ali colocados por Dante e sobre isso ele relata: "Eles são bons bolonheses, mas foram investidos de uma magistratura em Florença... Pertencem a essa Ordem cavaleiresca designada sob o nome de 'Frades Alegres' ou Gaudentes, e cujos membros, vivendo no mundo, podiam até admitir mulher. Fundada em 1209 durante a Cruzada de Simão de Montfort contra os albigenses, a Ordem dos Gaudentes foi colocada sob a direção dos Dominicanos; ela está presente no processo dos Templários e recebeu uma boa parte dos seus bens, e alguns Templários acabaram ingressando nela". Assinalamos esta última frase que, além de sua importância, foi precisamente retirada por Aroux das *Memórias históricas sobre os Templários*, de Munster e Grouvelle.

Para Aroux esses "infelizes antecedentes" dos Gaudentes que explicariam o julgamento do poeta, antecedentes aos quais se acrescentaria a participação no crime "que ele não ousa mencionar abertamente: eles seriam 'cúmplices e intermediários' na morte do ungido do senhor, do Cristo gibelino, Henrique de Luxemburgo". Eis em Dante, segundo Aroux, "o ouro que pagou o sacrílego e o parricida" e que fez com que "a balança gemesse sob o peso de seu gancho".

---

96. *Mémoires historiques sur les Templiers ou éclaircissements nouveaux sur leur histoire, leur procès, les accusations intentées contre eux, et les causes secrètes de leur ruine, puisés en grande partie dans plusieurs monumens ou écrits en Allemagne*, Paris, F. Buisson Libraire, rua Hautefeuille, nº 31. 1805, Ano XIII, Biblioteca Nacional: H. 3074/3.

Nosso autor revela a base de seu pensamento, quando no canto XXIII, reencontrando seu assunto, ele sugere que o frade Alberico é exilado entre os mais perversos, porque aos olhos do Florentino, "seu verdadeiro crime é ter sido Cavaleiro de Santa Maria, isto é, um desses frades Gaundentes, herdeiros dos bens dos Templários, para a ruína dos quais eles contribuíram sob a direção dos Dominicanos".

Assunto capital para Grouvelle, Aroux, Charpentier: Gaudentes e Dominicanos são responsáveis pelo processo do Templo, os Gaudentes por cupidez e obediência à Ordem pregadora. Grouvelle e Charpentier concluem pelo "acerto de contas", uma vez que a Ordem pregadora tinha ciúmes dos privilégios dados ao Templo. Para Aroux, a heresia templária motiva a atitude dominicana, e já que Dante é um "herético e revolucionário" – como os francos-maçons –, o Florentino ataca, por intermédio dos "Gaudentes", a Ordem inquisitorial e antialbigense.

Será que as coisas são assim tão simples quanto Aroux ou Charpentier gostariam que acreditássemos?

Em primeiro lugar, voltemos ao livro de Grouvelle. Este observa que um dos privilégios do Templo, retomado no artigo 73 do processo de acusação, consistia em se confessar somente aos irmãos da Ordem, sem recorrer aos bispos e confessores de outras Ordens; ele continua (nota 1, página 116 de sua obra): "... além do mais, é provável que os Dominicanos que, mais do que os outros monges, se atribuíam o monopólio dos confessionários, tenham sido objeto desse estatuto. Percebemos por meio de alguns fatos que em meados do século XIII eles mantinham uma boa relação com os Templários; mas sem dúvida ela deixou de existir; podemos percebê-lo pela obstinação demonstrada pelos Dominicanos em todo o processo; há indícios de que o caso da confissão tenha dado início ao desentendimento. Em uma nota bastante curiosa, Hunter presume um segundo motivo para esta ruptura: trata-se de uma Ordem de Cavalaria fundada pelos próprios Dominicanos, sob diversos nomes, entre outros sob o de Cavaleiro de São Domingos, e mais notoriamente ainda sob o título italiano de Cavalieri Gaudenti. Um erudito dominicano, chamado Federici, em 1787 ofereceu uma grande história desses Cavaleiros alegres. Esta Ordem fundada em 1209, durante a Cruzada de Simão de Monfort contra os albigenses, foi colocada sob a direção dos Dominicanos pelo papa Inocêncio III que a tinha confirmado e autorizado [...]. A exemplo de seus fundadores, essa Ordem também trabalhava para a destruição das heresias, senão pela espada, pelo menos de outra maneira qualquer. Por isso os Alegres tomaram parte no processo dos Templários e, como era justo, receberam parte dos espólios da Ordem. O historiador dos Gaundentes afirma expressamente terem recebido os bens do Templo, e oferece como razão o fato de que vários Templários, após a supressão de sua sociedade, tenham entrado para a Ordem dos frades alegres. A partir deste fato, podemos deduzir que sua admissão tenha sido considerada pelos Dominicanos como um indício da inocência dos condenados. No final do século XIII, os Alegres se multiplicaram muito, e esta deve ser a época em que ocorreu a desavença entre o Templo e os Dominicanos, pois estes tinham de sacrificar tudo para a sua própria Cavalaria, o que sem dúvida desagradava aos Cavaleiros do Templo, muito ocupados com suas propriedades".

É melhor reproduzir *in extenso* a passagem de Grouvelle que trata dos Gaudentes, do que apenas um trecho com ares de conclusão apressada. Se, nesta passagem integral, tirarmos os condicionais, os "sem dúvida" dubitativos e as suposições, sobra apenas um elemento histórico, decorrente dos documentos: o refúgio oferecido pelos Cavaleiros Gaudentes à Ordem do Templo. Essa admissão, mais a herança dos bens, significa muito mais um testemunho a favor da inocência dos Templários! Quanto ao processo, veremos o que se deve pensar a respeito, não sem observar antes que este aconteceu na França, ao passo que os Gaudentes estavam implantados apenas em algumas cidades da Itália; veremos também que sua criação por Simão de Monfort é puramente imaginária.

Aroux aproveitou-se da dádiva oferecida pela postura infeliz dos dois Gaudentes e de seu pertencimento indireto à Ordem Dominicana, para então concluir pela culpa teológica dos Templários, de Dante e dos francos-maçons, o que está dentro da lógica de seu pensamento. Por isso, ele nos previne: "Certamente essa destruição da Ordem do Templo deve ter sido um acontecimento bem mais grave e com um alcance político e religioso bem maior do que supomos até aqui, uma vez que em seguida suscitou protestos tão enérgicos e é ainda hoje solenemente relatada em todas as iniciações maçônicas; para que, após 500 anos, a tradição faça ressoar, de eco em eco, os mesmos anátemas e os mesmos pedidos de vingança..."

Com exceção de algumas misturas de terminologia e de algumas confusões entre os Ritos dos altos graus e as "iniciações maçônicas" ou entre a "tradição" e os rituais de vingança, desta vez poderíamos concordar com Aroux, mas por razões diferentes das suas!

E o que dizer sobre as ideias de Grouvelle que fornecem um álibi a Aroux e às quais se referem alguns autores modernos?

A verdade obriga a esclarecer que, quando Grouvelle acusa os Dominicanos nos termos relatados por Charpentier ("... eles traíram, acusaram, torturaram e queimaram, e isso se explica por outro tipo de interesse"), ele acrescenta, e esse acréscimo é especialmente significativo: "Nos dois casos a lógica e a moral dos monges são as mesmas, e correspondem ao que todos os outros historiadores nos ensinam a respeito".

Grouvelle não gosta dos monges... e mais uma vez, se assim podemos dizer, sua "descoberta" sobre os Dominicanos serve seu antimonaquismo; dela ele extrai, para seu uso, um meio de atacar a Ordem pregadora. De fato, os Gaudentes receberam bens do Templo, pois... receberam os Templários entre eles. Mas os Teutônicos também receberam os Templários entre eles. Em Nápoles, não foram os monges que se beneficiaram com a pilhagem, mas o próprio rei, e Grouvelle esclarece que, "entre todos esses monges, foram os mínimos, os sapateiros quem mais se beneficiaram com a destruição do Templo ainda que os Dominicanos fossem o seu principal artífice; aparentemente pensamos que eles foram o suficientemente pagos pelo prazer da vingança". De todo modo, a vingança de Grouvelle é certamente um prato que se come frio!

O que é indubitável é que se o fato de ter recebido uma parte dos bens do Templo devesse ser considerado como a indicação de uma participação no processo, não vemos porque seria necessário excluir os Teutônicos! Ora, é evidente que os Cavaleiros de Santa Maria dos Teutônicos e do Templo mantinham excelentes relações, a tal ponto que, no decorrer do processo, os bispos de Livônia, inimigos dos Teutônicos, tentaram, apesar da oposição do papa, assimilá-los aos Templários.

É verdade que os Teutônicos conheciam, assim como os Templários, o segredo e o silêncio; sua regra continha uma disposição análoga ao artigo LIX da Ordem do Templo: *Ut omnes fratres ad secretum concilium non vocentur.* Quanto às confissões no interior da Ordem, elas não eram uma exclusividade dos Templários! O mesmo acontecia com as Ordens de São João de Jerusalém, dos Teutônicos, da Calatrava, com os Cistercienses, etc.

No entanto, em matéria de heresia, podemos ficar confusos pelo fato de que os frades de São João ou dos Teutônicos jamais foram recriminados pelas mesmas coisas que os Templários foram, ao passo que as duas Ordens estavam em contato com o mundo oriental e, por isso mesmo, "capazes" de heresia... O argumento é fraco. Se a realeza francesa quisesse se livrar das outras Ordens, que naquele momento não a incomodavam "politicamente", ela poderia muito bem, com o auxílio da tortura, ter obtido as mesmas confissões de heresia e todo o arsenal dos "acessórios", como troféu diabólico – qualquer Janus bifrons e qualquer bastão episcopal com uma dupla cabeça serpentina poderiam desempenhar esse papel –, práticas de feitiçaria, sodomia, etc. Em relação à "cabeça", observemos que Grouvelle emite uma ideia interessante, ao adiantar a hipótese de um troféu militar, análogo aos que ornam os elmos na heráldica nórdica e escandinava, ou de uma relíquia de um herói da Ordem encastoada em um busto ornado de pedras preciosas, de que nossas igrejas estão abundantemente servidas.

O simples segredo já não seria motivo suficiente para suspeita de heresia? Vimos que outras Ordens também o praticavam. A recusa de autorização para assistir às recepções da Ordem não parece constituir uma prova de maquinação contrária à fé, ainda que talvez só fosse praticada em determinado nível da profissão templária mais elevada do que aquela prevista para a admissão na Ordem. Em seu depoimento de 9 de janeiro de 1311, Gérard de Causse, Cavaleiro de Rouergue, afirma que o rei Felipe, o Belo, assistiu pessoalmente a uma das recepções... o que invalida a acusação do falsário, quando ele pretende, em uma de suas manifestações contra a Ordem, que nenhum príncipe, nem rei, jamais "viu" a recepção de um Templário – acusação ainda mais estúpida porque a qualidade de rei ou de príncipe não dá nenhum direito particular no controle dos Ritos de iniciação em uma ordem espiritual –, e talvez seja aí que a porca torça o rabo.

Também sabemos o que convém pensar sobre a pretensa união entre cátaros e Templários, tão cara a Aroux – e a alguns maçons de nossa época –, não somente pelo caráter "herético" de Nogaret, o diabólico conselheiro do rei, mas também pelo fato de ainda que os Templários se beneficiassem de possessões e de amizades entre os Espirituais* da região da Occitânia,** o processo da Ordem não visava apenas aos Templários das comendadorias do Sul occitano! Além do mais, mesmo admitindo a existência de uma estrutura hierárquica no interior da Ordem, com rituais, simbólica, doutrina esotérica, etc. – alguns dos vários elementos que poderiam aproximar a morfologia templária da morfologia maçônica –, temos dificuldades em distinguir o que, em semelhante instituição, poderia apresentar alguma semelhança com os cátaros, cujo aspecto sacramental é simples e cujo evangelismo está bem mais próximo

---

* N. T.: Nome dado, no século XIII, aos membros da Ordem dos Mínimos de São Francisco que provocou um cisma nessa Ordem em relação à exata observância da regra.
** N. T.: A Occitânia compreende as regiões da Provence, do Limousin, da Auvergne, da Gascogne e do Languedoc, e ainda hoje é uma região de inúmeros dialetos.

da doutrina dos *vaudois* e dos reformados do que das articulações e especulações cabalísticas e esotéricas.

Reconheçamos que existe em tudo isso um amontoado de contradições e que se reuniu, sem levar em consideração a lógica elementar, tudo o que poderia destruir a causa templária. Há ainda a negação da Cruz, ou melhor, do Homem "de carne" imobilizado no cadafalso da infâmia. Fizemos alusão, em relação às representações de Cristo na cruz, aos usos das comunidades cristãs do Oriente e pensamos que existe aí uma pesquisa a ser empreendida. Para justificar a famosa prática, poderíamos além do mais invocar um gesto simbólico que relembra a negação do príncipe dos apóstolos, espécie de prova imposta a quem vai combater pelo Cristo; um teste como ainda acontece, em nossa época, no decorrer do percurso subterrâneo que precede o julgamento de admissão na muito cristã Maçonaria Sueca; as questões colocadas insidiosamente aos candidatos pelos guardiões do percurso são apenas "questões armadilhas" destinadas a testar a firmeza da fé. O que é chocante é que essa tese foi defendida por vários Templários encarcerados, como Hugues de Calmont, Nicolas Trécis, Guillaume de Saromine, Jean de Ghisi, padre, etc., e por Godefroi de Goneville durante o processo inglês do Templo. O próprio fato de não reduzir a fé nas promessas de Cristo à adoração do supliciado e de um instrumento de morte poderia muito bem esconder outra coisa além de uma abjuração de Cristo, como vimos nos capítulos anteriores.

Outro fato que chamou a atenção de Grouvelle e de Aroux: o uso do cordão sobre a carne entre os Templários ou a alusão a esse cordão na obra de Dante. Como era de se esperar, Aroux pensa que a referência ao cordão feita pelo poeta (*Inferno* XIV) quer indicar "no máximo que ele pertencia a essa fração herética conhecida sob o nome de espiritualista e que seguia os maus hábitos do abade Joaquim de Flore". Os Templários usavam um cordão direto sobre a pele, mas que este tenha sido também colocado sobre o troféu ou a relíquia da Ordem não constitui uma prática demoníaca. O cordão também era usado pelos mínimos, entre os quais primeiramente ele representara a pobreza antes de ser uma alegoria de castidade. Dante o relacionou à pantera, figura da luxúria, e com a loba, figura da avareza e da luxúria, mas também com o providencial cabo que permite escapar das garras infernais. Os Dominicanos também usavam o "lumbare", ou correia, direto sobre a pele.

Por todos esses motivos, a sensação é de que o processo estabelecido contra os Templários é de uma natureza bem diferente do que aquela avançada por Aroux. A atitude mais prudente ainda é se debruçar mais uma vez sobre as alegações relativas à exigência feita por Felipe, o Belo, antes da ascensão de Bertrand de Got ao papado, para que abandonasse a proteção da Ordem templária. Para os defensores dessa "explicação", a sucessão de Bonifácio VIII tinha colocado face a face os "Caietans" e os "Colonna". Durante as negociações relativas às candidaturas, os "Caietans" apresentaram, entre três candidatos, Bertrand de Got, até então conhecido por sua inimizade por Felipe, o Belo. Informado sobre essa candidatura pelo cardeal de Prato, o rei teria solicitado uma entrevista prévia com o futuro papa e o encontro teria acontecido na senhoria de Saint-Jean-d'Angély, onde ainda existe uma "rua do evescot" que poderia ser uma lembrança do bispo Got.

Eis o que relata Louis Claude Sandau em sua obra *Saint-Jean d'Angély segundo os arquivos do magistrado*: "Felipe e Bertrand ali se encontraram secretamente, sem acompanhantes. Após terem ouvido a missa na capela e terem prestado juramento sobre o altar de nada divulgar de sua entrevista, eles se dirigiram para a floresta de Essouvert, perto de Fayolle e, ali, Felipe ofereceu a tiara a Bertrand em troca de seis coisas que iria lhe pedir. Entre os pedidos estava, como dizem, a abolição da Ordem dos Templários. Bertrand de Got concordou com o pedido do rei e, em troca, foi eleito papa".

Certamente podemos nos perguntar como, na ausência de testemunhas e levando-se em conta o segredo observado pelos dois aliados... a natureza de suas conversas poderia ter sido conhecida depois e exteriormente![97] Em contrapartida, o que é certo é que, durante a entrevista de Poitiers em 1307 entre Felipe e Clemente V, assistida por 19 cardeais, a abolição da Ordem foi arquitetada ao longo das conversas entre os dois representantes do poder temporal e da autoridade espiritual, e isso, na presença de testemunhas fiéis aos dois dignitários. E. Réveilland, em sua *História de Saint-Jean-d'Angély* publicada no início do século, faz eco a essa tese; ele localiza a negociação secreta em um oratório da floresta de Essouvert em Fontdouce. Que isso tenha acontecido em Fontdouce, nos limites do Poitou, ou em Fayolle – segundo os autores – pouco importa, o que é interessante é saber se sim ou não a opinião de Fleury, relatada pelo abade Briaud, cônego honorário de La Rochelle,[98] segundo a qual "o arcebispo de Bordeaux prometeu tudo mediante juramento sobre o corpo de Nosso Senhor, e além do mais,

---

97. A história das visitas pastorais de Bertrand de Got e dos itinerários de Felipe, o Belo, parecem de fato contradizer a lenda desse encontro cujo autor parece ser Villani. Mas, mesmo neste caso, podemos duvidar de uma espécie de submissão de Clemente V ao rei da França, submissão que deve resultar de uma causa a ser determinada.
98. *Histoire de l'Église santone et aunisienne*, La Rochelle, F. Bouchet, 1843.

ofereceu como refém seu irmão e dois sobrinhos; e o rei lhe prometeu mediante juramento logo elegê-lo papa...", é bem fundamentada.⁹⁹

Retomamos esses controversos elementos da história, não para "defender um lado", o que é a menor de nossas preocupações, mas porque não era inútil evocá-los, ao passo que os historiadores "modernos", ao limitarem suas análises apenas ao processo e às confissões, colocam um véu sobre as "razões profundas" ligadas à ascensão de Clemente V ao papado. Enfim, eles nos permitem apreciar melhor o caráter de invenção das acusações de heresia de Aroux e reduzir à sua real importância a posição tomada pelos Dominicanos no lançamento e na iniciativa do processo.

No fundo, o problema é realmente aquele que René Guénon revelou: a subversão da realeza, ou do "poder temporal", estabelecendo sua dominação sobre "a autoridade espiritual".

Fato sintomático, se agora acompanharmos o autor do *Dossiê secreto da Igreja da França*,¹⁰⁰ o rei preferiu como conselheiro preferencial o clero secular ao clero regular, porque ele não nutria nenhuma simpatia... pela inquisição dominicana! Foi também ele que retirou a inquisição do controle único dos Dominicanos; nós citamos: "[...] as precauções e as medidas tomadas pelo rei (em oposição à inquisição dominicana) são um elogio à sua retidão e ao seu desejo de não cometer injustiça, o que parece demonstrar ter sido necessário convencê-lo da culpa tanto de Bonifácio VIII quanto dos Templários para que tenha se dedicado com afinco na continuação dos castigos que em sua alma e consciência considerava dever lhes infligir". Nós deixamos a responsabilidade por essa opinião ao autor e observamos que Felipe, o Belo, não teve muita dificuldade em se deixar convencer! E quem sabe não foi ele mesmo quem, assistido por seu jurista Nogaret, convenceu os outros comprando seus testemunhos e sentenças. Em contrapartida, reteremos a existência de uma antipatia entre o rei e os Dominicanos perseguidores de heresia. Eis o que invalida as perspectivas de Aroux.

---

99. Sobre a incidência do processo nas outras ordens religiosas, observaremos que o Vitorino Gérard d'Épaisménil assinou em 1308, com mais 13 doutores não vitorinos, uma "consulta" enviada a Felipe, o Belo, declarando que não cabia ao rei conhecer fatos de heresia e que no caso da supressão da Ordem dos Templários, seus bens deveriam ser consagrados às necessidades da Terra Santa (cf. *L'Histoire de l'abbaye de l'Ordre des chanoines réguliers de Saint-Victor de Paris*, de F. Bonnard, t. I, p. 346-347, nota com referência à consulta inédita, mas que figura sob a cota J. 413, no 5, na Biblioteca Nacional.
100. *Dossier secret de l'Église de France*, de Paul Lesourd e Claude Paillat, "Philippe le Bel fou à l'Inquisition".

Enfim, existe um elemento de apreciação importante que é preciso levar em conta. Se a Ordem dominicana fosse responsável pelo processo do Templo, é absolutamente certo que Dante, defensor da Milícia Templária, a teria acusado. Ora, o poeta não fustiga, a esse respeito, nem os Dominicanos, nem a Inquisição, ele apenas ataca os únicos detentores das duas funções real e sacerdotal nominalmente designadas... Podemos até mesmo dizer que Dante tem uma inclinação intelectual dominicana, mas sua formação está mais para tomista, o que não significa que ele foi terciário de São Domingos como se pretendeu. Certamente ele era apenas Fiel do Amor, isto é, afiliado à descendência templária. Ele se mostra respeitoso do tomismo e talvez mais próximo do tomismo do que do agostinismo. Assim, o padre Mandonnet, em seu *Dante, o teólogo*,[101] observará que, se para São Tomás a beatitude consiste na visão da Essência divina pela inteligência humana iluminada pela "luz da glória", existe uma aproximação a ser feita entre esta luz de glória e o papel de Beatriz no Paraíso. Para o padre Mandonnet, Dante "adequa seu simbolismo à doutrina tomista, que coloca a forma, isto é, a especificidade da beatitude, na visão da inteligência e não no ato de amor que a acompanha, como desejava a escola agostiniana". De fato, sem se distanciar do tomismo, e porque ele se situa "no centro", Dante acredita reconciliar as grandes escolas rivais do século XIII. Por isso ele devota a mesma estima para São Boaventura, Hugues de Saint-Victor, Raban Maur, Santo Anselmo, Joaquim de Flore e Siger de Brabant; e foi isso que P. Auguste Valensin[102] tão bem observou, que seu estado de jesuíta tornava indiferente ao açambarcamento de Dante por qualquer uma das ordens terceiras, pregadora ou mendicante. Além do mais, o padre Mandonnet observará que uma das filhas do poeta, aquela "à qual ele deu o nome de Beatriz, símbolo alegórico de sua deserção clerical, tomou o hábito religioso entre os Dominicanos de Ravena, e sem dúvida o seu pai a orientou nesse sentido para dar à Igreja, na pessoa de um de seus filhos, aquilo que ele próprio não dera por sua deserção clerical". Essa explicação nos parece um pouco ingênua, e não acreditamos em uma deserção clerical de Dante; temos boas razões para pensar que o poeta tinha outras "orientações" além do clericato; além disso, se os filhos da época tinham mais consideração pelas orientações paternas do que os do nosso tempo, não temos nenhuma certeza sobre as intenções do

---

101. P. Mandonnet, O. P., *Dante le théologien, Introduction à l'intelligence de la vie, des œvres e de l'art de Dante Alighieri*, Paris. Sabemos que as teses de Mandonnet foram debatidas por muito tempo por E. Gilson, *Dante et la philosophie*, Vrin.
102. A. Valensin, *Le Christianisme de Dante*, Ed. Aubier.

poeta em relação à sua filha! O único testemunho incontestável e ainda assim revelador do "espírito" que reinava no seio da família do Fiel do Amor, é que com a morte deste último, em 1321, sua filha Antonia efetivamente tomou o véu no convento "Ravenate de Saint-Étienne das Oliveiras" e escolheu como nome clerical: Beatriz. Não existe aí nenhum vestígio de "antidominicanismo", se assim podemos dizer, e dessa forma, levando-se em consideração os conhecidos vínculos entre o Templo e Dante, nenhuma acusação indireta em relação à culpa dos Pregadores no processo dos Templários. Dante, que também fizera seus estudos entre os mínimos de "Santa Maria Novella" visivelmente não tinha nenhuma animosidade contra os Dominicanos. Às vezes, ele fustiga essa Ordem, assim como as outras Ordens de sua época, mas por um motivo bem diferente. Ora, se os descendentes de São Domingos tivessem provocado o processo do Templo, o poeta não os teria deixado de fora de qualquer um dos lugares infernais, indicando claramente as razões de sua punição. Na realidade, ele apenas questionou, pelo motivo acima citado, o rei e o papa da época, os mesmos que alguns rituais dos altos graus maçônicos execram. Ele os tornava responsáveis pelo ato de subversão que unia os dois poderes espirituais do monaquismo e da Cavalaria e destruía a Ordem, ato cujas consequências dramáticas para a tradição no Ocidente foram analisadas ao longo da obra de Guénon. Portanto, tudo isto é estranho às especulações de Grouvelle, antes um "antirromano", ou de Aroux, cego por seu integrismo.

De todo modo, Dante nos parece mais próximo do Doutor angélico. Para se convencer disso, basta fazer um paralelo entre os versos 103-5 do *Paraíso*: "Todas as coisas têm uma ordem entre elas e é a forma que faz o Universo semelhante a Deus", e esta definição da *Suma teológica*: "A Ordem que se encontra nas coisas criadas por Deus manifesta a Unidade do mundo. Deste mundo é dito que ele é 'uno', de uma unidade de ordem, na medida em que algumas de suas partes estão organizadas em relação às outras. Todas as coisas que vêm de Deus estão organizadas umas em relação às outras e ao próprio Deus".

De fato, os Dominicanos representaram o papel de inquisidores durante o processo. Era sua "função" no interior da Igreja; não se trata nem de desculpá-la nem de enaltecê-la, mas é preciso ter a objetividade de separá-la das razões e responsabilidades do processo e da destruição da Ordem. Eles desempenhariam a mesma missão e com o mesmo zelo policial em relação a qualquer "suspeito" entregue em suas mãos pelas "autoridades". Não é mais o processo do Templo ou de uma Ordem que está em causa, é o das bases da sociedade em geral, do autoritarismo hierárquico e da equação: Verdade = Instituição doutrinal religiosa ou temporal... e isso vale para todas as épocas, inclusive a nossa!

Sem dúvida, desde o início do caso, o frade Guillaume Paris, O. P., inquisidor da Fé e confessor do rei, foi designado pelo papa para dirigir a investigação, seja diretamente, seja por intermédio de seus delegados. Grouvelle nos adverte que ele era cegamente devotado ao seu mestre como *Inquisitor hereticae Pravitatis*. Em nossa opinião, seria necessário investigar antes as responsabilidades de certos conselheiros do rei e de certos clérigos que adulavam as ambições de Felipe. O que dizer, por exemplo, do papel assumido pelo arcebispo de Marigny, que presidiu o concílio provincial de Sens e condenou à fogueira 104 Templários em 11 de maio de 1310 durante uma reunião do concílio em Paris?... Não era ele o irmão do ministro de Felipe, o Belo, Enguerrant de Marigny, enforcado por bruxaria e participação nos "encantamentos" que teriam levado à morte do rei?... Essa é uma história bem estranha.

Como se vê, em matéria de heresia ou de acusação, não se sabe mais muito bem, naquela época, quem estava livre de pecado!... Observaremos que, se o Templo tivesse sido herético, ele não poderia ter se transformado tão facilmente em "Ordem de Cristo" em Portugal, e isso sem que a palavra "abolição" tenha sido pronunciada, uma vez que a carta de 1317 só atesta uma "reformação", e uma vez que os próprios Templários foram os primeiros instauradores dessa nova Ordem, e seu grande mestre nacional Velasques recebeu a comendadoria de Montalvão.

Além do mais, é um dominicano da diocese de Lyon, Pierre Pallu, bacharel em Teologia e 201ª testemunha diante da comissão papal, que esclarece: "Assisti aos interrogatórios de uma multidão de Templários em que uns confessavam a maioria dos crimes de que a Ordem é acusada e os outros negavam firmemente. Inúmeras razões me convenceram de que era necessário acreditar mais nas negativas do que nas confissões..." "*...et ex multis argumentis videbantur ei quod major fides esset adhibenda negantibus quam confitentibus*" (processo, contra Templar).

O próprio Grouvelle[103] reconheceu que na Espanha e em Aragão – terras de eleição da Ordem dominicana e da Inquisição – o concílio de

---

103. Aroux não estava tão convencido da heresia templária; ele até chega a admitir que a supressão da Ordem não se deve a uma acusação de heresia, o que é a própria evidência. Citemos um trecho: *A supressão da Ordem do Templo era medida política, um assunto de disciplina; a destruição dos albigenses era um assunto religioso; sua condenação tinha sido proclamada em vários concílios, isto é, pela voz da própria Igreja; os Templários tinham sido julgados, não por justiça, mas por comissários e extinta por uma simples bula motu proprio não deliberada em concílio, bula que, aliás, não declarava a heresia, o que a política impedia de fazer, mas se apoiava apenas em infrações à regra e em práticas condenáveis.*

Tarragona inocentou os Templários e proibiu que atingissem sua reputação; o de Salamanca os absolveu pura e simplesmente. Os interrogatórios de Salamanca e de Medinal del Campo de 1309-1310 não contêm nenhuma "confissão" da Ordem... Ora, a comissão espanhola encarregada do caso templário era composta dos principais prelados e bispos, os de Toledo e de Saint-Jacques, e do dominicano Aymerie, "imortal nos anais da Inquisição", como nos diz Grouvelle, e supostamente autor do *Directorium Inquisitorum*...

☩

É bem verdade que não demos tanta importância ao caso dos Gaudentes, uma vez que ele estava na origem dessas reflexões sobre a heresia templária.

Mas ainda é tempo de voltar ao assunto e observar o refúgio que os Gaudentes ofereceram aos Templários.

As questões que podemos nos fazer sobre esses Cavaleiros, de vínculo dominicano, são as seguintes: eles eram real e diretamente, "em linhagem ininterrupta", os sucessores da Ordem da Milícia de Cristo? A Ordem Equestre que usava esse nome também era a sucessão imediata da Milícia antialbigense? Enfim, os Gaudentes, condenados às penas infernais por Dante, podem ser considerados perseguidores dos Templários, como sugerem ou afirmam os autores que citamos e os quais dão mostra de certa paixão?

Sem dúvida, esses autores podem ser desculpados por estabelecer um parentesco entre os Gaudentes e a Milícia repressiva dos albigenses... O conde Dominique Piccoli, em sua *História da Cavalaria das Cruzadas e da Ordem da Milícia de Jesus Cristo das origens até nossos dias* – sendo ele próprio lugar-tenente general dessa Ordem em 1886 –, relata que a Milícia se originou com o exército cruzado lutando contra

---

Mas Aroux, mais papista do que o papa, não se deixa convencer. Para ele, basta ouvir o nome Provence, Languedoc, Graal, para que fareje imediatamente a heresia e remonte à "Santa Inquisição"! Mais um trecho: *Um fato admirável, que causa surpresa em Rainouard, o qual não compreendia o seu alcance contra aqueles de quem tinha sido constituído defensor, é que esses poetas provençais, tão agressivos contra tudo o que vinha de Roma, de perto ou de longe, jamais lançaram um panfleto contra os Templários e constantemente os pouparam*, e ainda mais: "*O autor da sátira intitulada Belle Guist, que calunia a maioria das ordens religiosas, fala dos Templários em termos respeitáveis*". *A conclusão que se deve extrair desse fato é que certamente nem todos os Templários foram irrepreensíveis, estaríamos mais autorizados a deduzir disso que devia existir entre os poetas do Languedoc e da Provence, heréticos reconhecidos, e os Templários, acusados de heresia, uma simpatia real, cuja causa secreta poderia ser atribuída, sem medo de se distanciar da verdade, a certa comunhão de ideias e de doutrinas; de que tantos romances sobre o Graal testemunham.*

os albigenses em 1214 e organizada por Dominique de Guzman, então cônego de Ozuna. Da mesma forma, Hernadez di Castillo, consultor do Santo Ofício e preceptor do infante Felipe II, escreve em sua *História geral de S. Domingos e de sua ordem* que a Milícia surgiu no Langedoc, e François Menens de Anvers também a definiu no próprio título do trabalho que lhe consagra como *Ordo Militum Jesu Christi contra albigenses haereticos institutus*.

Inocente II participa nessa criação dominicana e a aprova em 1209, sob o nome de Milícia de Jesus Cristo. Seus Cavaleiros podem ser casados e permanecem submetidos à regra de Santo Agostinho, como muitas outras Ordens não dominicanas. Mas a Milícia usa as cores dominicanas, preto e branco, como a Ordem atual do mesmo nome, a cruz preta e branca com flores-de-lis e guarnecida, na época, com o X P Constantino que vale para esses Cavaleiros o título de "Equites Labarum". Ela se assemelha à "Ordem de Cristo", fundada alguns anos antes por Albert de Bremen, bispo de Riga na Livônia, também chamada a "Ordem dos Porta-Espada" e reunida aos Teutônicos um pouco mais tarde.

Que essa Milícia tenha tido um importante papel na repressão aos albigenses ninguém duvida. Ela contará com reis e príncipes, da França, Áustria, Alemanha e Borgonha e foi dirigida por Simão de Monfort, que comanda a cruzada com Balduíno de Flandres.

Parece que a Ordem se transformou em congregação e, com a morte de São Domingos, encontramos ao mesmo tempo uma terceira Ordem dominicana: a "Congregação da Penitência", e uma instituição militar. A Instituição cavaleiresca, às vezes conhecida sob o vocábulo de "Cavalaria do Rosário", tinha combatido os albigenses na França e os muçulmanos na Espanha, e Gregório IX, em uma bula publicada sete anos antes da canonização de São Domingos, insiste em seu caráter combativo.

A Milícia de Cristo, que lhe dá continuidade nos séculos posteriores, constitui sua própria descendência? É um problema. De fato, as instituições que farão uso desse nome terão como vocação a luta contra a heresia. Assim, existe uma Ordem com a mesma denominação, coberta de honras por Inocente IV (1243-1294), Inocente VIII (1484-1492), Júlio II (1503-1513), Leão X (1513-1521), Clemente VII (1523-1534), etc., Ordem que ainda vive e se desenvolve na integridade de fé em nossa época. Observamos, no entanto, um hiato nas concessões papais... precisamente durante o pontificado de Clemente V, que condenou o Templo! Eis algo que não deixa de ter certa ironia.

As assembleias de Cavaleiros às vezes acontecem nos conventos dominicanos, com a permissão dos inquisidores, em virtude de um decreto tomado ao capítulo geral dos Pregadores, em Valladolid em 1613. No século XVII, os dominicanos devolvem aos Cavaleiros a cruz da Milícia como atesta, por exemplo, um breve concedido em 1664 a Jean Fleury pelo frade Jean Ferrand, dominicano, doutor, professor de Teologia e "Inquisidor Geral da Santa Fé na cidade e legação de Avignon". Foi ainda o provincial dos dominicanos de Barcelona que recebeu vários Cavaleiros dessa cidade em 1635, entre os quais Don Juan da Áustria, filho de Felipe IV da Espanha.

Em resumo, a Ordem dominicana e a da Milícia de Jesus Cristo efetivamente tiveram vínculos bastante estreitos, e a Milícia de Jesus Cristo parece realmente ser de filiação espiritual dominicana.

Em contrapartida não é muito evidente que a Ordem cavaleiresca que se perpetuou após o século XIII seja rigorosamente uma herdeira da primeira Milícia antialbigense. Além do mais, essa Ordem se dividirá em inúmeros ramos: "Milícia do Santo Rosário", "Cavalaria da Santa Fé e de São Pedro Mártir" – em honra do bem-aventurado Pedro de Verona, dominicano martirizado em 1292, etc. Seus traços comuns residem no vínculo dominicano e na missão de defesa doutrinal.

A Milícia de Jesus Cristo, tronco comum desses ramos, se espalha mais pela Itália do que pela França. Por isso, é aos "Cavaleiros da cidade de Parma" que Gregório IX dirige, em 23 de junho de 1239, sua bula *Quae omium conditoris* assim redigida: "Gregório, bispo, servidor dos servidores de Deus, a seus queridos filhos da Milícia de Jesus Cristo, saudação e bênção apostólica...". Gregório IX dará, aliás, sua suprema caução à Milícia e aprovará sua constituição... Porém, mais uma vez será que se trata da Milícia de Simão de Montfort, ou de outra com o mesmo nome e cuja formação toma corpo após a morte de Pedro Savarico, de Monleone, letrado e filósofo, apelidado de poeta provençal, o mesmo considerado pela Milícia como o primeiro Grão-Mestre que governou a Ordem durante sete anos? Essa instituição cavaleiresca prosperará na França na época de João XXII; ela possuía 33 Grã-Cruzes em 1320, em lembrança dos 33 anos de Cristo, e era dotada de grão-priorados e de um supremo conselho.

Em relação à Itália, vimos que a Milícia se espalha em formações com denominações variadas, ricas em particularismos locais. Encontramos assim uma Milícia composta de "defensores de viúvas, de órfãos e das famílias" que dispõem de inúmeras e opulentas comendadorias em Bolonha, Módena e Mântua. Em outros lugares encontramos "Cavaleiros da Fé de Jesus Cristo e de São Pedro Mártir", etc.

Em recente estudo sobre as Milícias de Jesus Cristo,[104] o padre Meerseman estima que essa Milícia de Jesus Cristo foi uma Ordem religiosa distinta do exército dos Cruzados e da confraria militar de Foulques em Toulouse, e que é conveniente separar as Milícias feudais e comunais da Idade Média – como a Milícia da Fé, que se tornou "reservista" no final de uma cruzada local – das Milícias ativas que são Ordens religiosas como o Templo. A permanência da luta na Terra Santa e na Espanha necessitava o estabelecimento de Ordens militares. Essas Ordens usarão os nomes de Milícias, *Milita Christi*, os Templários não são *Milites Christi*? São Bernardo nomeia o mestre do Templo *Magister Militiae Christi*, e o selo do procurador do Templo traz a inscrição *Sigillum Militum Christi*. Da mesma forma a Ordem fundada em 1317 pelo rei de Portugal, e confirmada pela Santa Sé em 1319, se chamará *Ordo Militae Jesu-Christi* ou *Milites Jesu-Christi*. Portanto, sempre que há Milícia, há Ordem, e não confrarias. Além do mais, nos séculos XII e XIII, são principalmente os cistercienses que propagarão essas instituições permanentes. Não lhes podemos assimilar os grupos erigidos pelos bispos e compostos de burgueses encarregados da defesa religiosa das cidades e que usam, para as necessidades da causa, o título de Milícias. A Cruzada contra os albigenses não dependia de uma Ordem militar precisa, mas como ela pretendia combater pela fé, encontrava-se *ipso facto* designada pelos cronistas da época, como Pierre de Vaux Cernai – cisterciense – *Milice de Christ*.

No entanto, o único instituto dotado com um nome particular de "Milícia da Fé de Jesus Cristo" só surge verdadeiramente após a morte de Simão de Monfort e encontra em sua origem um Cavaleiro desconhecido, P. Savary, e um cisterciense, Conrad d'Urach, abade de Cîteaux. Essa Ordem se estabelece em 1221 em alguns castelos e vilarejos da região albigense, com o objetivo evidente de lutar contra a heresia. A bula papal de 16 de julho de 1221, dirigida ao legado Conrad, atesta o nome de mestre da Ordem e da promessa dos Cavaleiros de observar durante sua vida o estatuto dos Templários, exceto pelo hábito, estatuto que implica o respeito à regra de Santo Agostinho e aos três votos. Em 1229, essa Milícia se afilia à de Saint-Jacques da Espada e, em 1261, o

---

104. Gilles Gérard Meerseman O. P., *Études sur les anciennes confréries dominicaines, Archivum Fratrum Praedicatorum*, vol. XXIII, 1953, Institutum Historicum Fratrum Praedicatorum, Roma.

Grão-Mestre e alguns Cavaleiros dissolvem a associação e entram para os cistercienses.

Na Itália, o que se convencionou chamar de "Milícia de Cristo" irá conhecer destinos diversos. Parece que não se pode confundir a milícia criada por um dominicano, o bem-aventurado Bartolomeu de Vicence, com a Milícia da Fé fundada em 1232, em Milão, e também localizada em Florença. Essa milícia cresce e se afilia à da Virgem: são nossos "Gaudentes" qualificados como "alegres" porque podiam desfrutar de seus bens e dos bens da terra, segundo a expressão do cronista franciscano Adam Salimbene de Parma, morto em 1289, depois de ter deixado uma relação dessa Milícia. O nome oficial dessa instituição é *Ordo Militiae Beatae Mariae Virginis Gloriosae* e seus estatutos, redigidos pelo franciscano Rufin Gorgone, são aprovados por Urbano IV em 23 de dezembro de 1261. A nova Ordem depende unicamente dos Dominicanos, mas, diferentemente da antiga Milícia de Jesus Cristo, seus membros contam com Cavaleiros casados não comunitários, com Cavaleiros continentes comunitários e clérigos religiosos que servem às igrejas da Ordem.

A responsabilidade das afirmações relativas à sucessão da antiga Milícia de Jesus Cristo antialbigense pertence ao frade Dominico Maria Federici[105] que lhe dá três Grão-Mestres "instrutores": Simão de Monfort, Alméric, seu filho, e Pedro Savarico de Monleone. Após o século XVI, a Ordem italiana entra em decadência e desaparece; somente uma comendadoria será substituída, a de "Santa Maria da Torre", ao passo que no tempo de seu esplendor, a Ordem possuía ricas comendadorias em Bolonha, Módena e Mântua.

A famosa Milícia de Jesus Cristo nascida da Cruzada contra os albigenses não tem, portanto, relação com a atividade de São Domingos e com a Ordem da Penitência; ela pode ser considerada, sob mais de um aspecto, como de inspiração cisterciense. Confundi-la com uma simples criação dominicana remonta a Tomás de Siena, em 1395. De fato, para dar à Milícia parmense dominicana um passado longínquo, Tomás de Siena acreditou poder identificar a Milícia de Jesus Cristo antialbigense – extinta há muito tempo – com a antiga Ordem da Penitência autenticamente dominicana e próxima das milícias italianas pelo espírito e pelo aspecto devocional. É bem verdade que os diplomas das duas milícias se assemelhavam.

---

105. Fra Domenico Martia Federici, O. P., *Histoire des chevaliers de Santa Matrici Gloriosa*, 1787, Biblioteca Corsini, Roma. O autor dá a lista dos Grão-Mestres.

É, portanto, a essa Milícia da Virgem que pertencem os dois Cavaleiros descritos no Canto XXIII do *Inferno*. Um deles, Catalano, era guelfo e Prior da Ordem; o outro, Loderingo Andalo, era gibelino e o Grão-Mestre que devia abdicar e que sucedera ao fundador, Fisamon de Baratti, em 1262. Esses esclarecimentos já demonstram que um dos reprovados era do "partido" de Dante...* Aliás, Aroux observa que os dois *Godenti* (ou Gaudentes) irão ajudar o poeta indicando-lhe o meio de sair do fosso infernal, e ele é realmente obrigado a reconhecer que esses bolonheses "não têm os negros** em grande consideração"...

Então, não foi por ter participado no processo do Templo ou por ter tomado partido na acusação de heresia templária que os dois *Cavalieri Gaudenti* se encontram nessa triste situação.

É muito mais simples descobrir esse motivo lendo o comentário que A. Masserron fez sobre a presença deles no sexto Fosso, reservado ao "Colégio dos Tristes Hipócritas". Deixemos a palavra a Masseron:[106] "[...] seu recrutamento (o da Ordem dos *Gaudenti*) era aristocrático. Ela irá se degenerar rapidamente, e o povo chama seus membros de *Fratri Godenti* – ou *Gaudenti* – os frades alegres... Em 1266, após a batalha de Bénevent, que marcou a queda dos gibelinos, os florentinos tinham escolhido duas podestades em vez de uma, os Frades Godentes Catalano dei Catalani, de uma família de guelfos, e Loderingo degli Andalo, de uma família de gibelinos, aliás, este último é o fundador da Ordem...[107] Sob o manto da hipocrisia, escreve o cronista G. Villani, eles cuidarão muito mais de seus próprios bens que do bem geral (G. Villani, *Chronica*, VII-13). E os resultados foram desastrosos, o bairro dos Gardingo, perto do Palácio velho, permaneceu por muito tempo coberto pelas ruínas das casas incendiadas. Por isso, os dois Gaudenti confessam a Dante: 'Nós nos conduzimos de tal forma que isso ainda pode ser visto perto de Gardingo'".

Não há nada que diga respeito aos Dominicanos e aos Templários! Dante faz o processo da hipocrisia, e de certo monaquismo de sua época, atraído pela cupidez e pela ambição "terrestre". Sua crítica toma a mesma direção da crítica feita por São Bernardo a Cluny, por exemplo, em sua *Apologia a Guillaume de Saint-Thierry*.

---

* N. T.: A família de Dante era comprometida politicamente com a casa dos Guelfos, que defendiam a supremacia do papa sobre o imperador germânico e, portanto, eram inimigos da casa dos Gibelinos, que defendiam a supremacia do imperador.
** N. T.: A casa dos Guelfos dividia-se em guelfos brancos e guelfos negros.
106. Alexandre Masseron, *Dante et Saint Bernard*, Paris, Albin Michel, 1953.
107. Isto está em contradição com a lista dos grãos-mestres estabelecida por Domenico Maria Federici, que dá como primeiro Grão-Mestre Fisamon de Baratti.

✠

Esperamos, com estas últimas reflexões sobre os aspectos marginais do processo templário, ter dado alguma satisfação sobre algumas fábulas que perduram.

Talvez vocês pensem que demonstramos certa posição tomada contra Aroux e as teses que ele expõe em seu *Dante, herético, revolucionário e socialista*.

Na verdade, damos muita importância às observações que ele fez, mas não tiramos as mesmas conclusões que ele ou as interpretamos de forma diferente.

Precisamente, para não abandonar esse crítico de heresias cavaleirescas, templárias e maçônicas,[108] observaremos que ele comenta uma passagem da coletânea de histórias escritas em 1378 por Jean de Florence, sobre os tártaros, cujo chefe criado em um *povero feltro* – que relembra o *Dux* ou o *Veltro* de Dante – é chamado *Cane, che in lor linguaggio significada imperadore*. Aroux vê aí a designação de *Can della Scala*, chefe dos gibelinos; ora, essa nota relembra a que René Guénon escreveu, por sua vez, sobre o Khan, em *O rei do Mundo* e em *O Esoterismo de Dante*.

Aroux menciona ainda que o Ariosto é uma alusão ao Preste João – outro tema de Guénon que evidenciamos quando tratamos das comunidades coptas em contato com os Templários em Jerusalém e em

---

108. Para encerrar essa questão da heresia, lembremo-nos de que René Guénon evocou a acusação de heresia levantada contra organizações iniciáticas em uma passagem do *L'Ésotérisme de Dante* (capítulo L: "Sens apparent et sens caché"), que reproduzimos a seguir:

... se este foi o caso de todas as organizações iniciáticas, só houve dois casos em que a acusação de "heresia" pôde ser levantada contra algumas delas ou contra alguns de seus membros, e isto pode ocultar outras injustiças mais bem fundamentadas ou pelo menos mais verdadeiras, mas que não podiam ser formuladas de outra maneira. O primeiro desses dois casos é aquele em que alguns iniciados puderam se entregar a divagações inoportunas, correndo o risco de lançar a confusão nos espíritos não preparados ao conhecimento das verdades superiores, e também provocar desordens do ponto de vista social; tais autores de semelhantes divagações erraram ao criar eles próprios uma confusão entre as duas ordens esotérica e exotérica, confusão que, em suma, justificava o bastante a recriminação de "heresia"; e este caso se apresentou em diversas ocasiões no Islã [René Guénon cita a esse respeito o mártir de El-hallâj, condenado à morte em Bagdá, no ano 309 da hégira], onde, no entanto, as escolas esotéricas normalmente não encontram nenhuma hostilidade por parte das autoridades religiosas e jurídicas que representam o exoterismo. Quanto ao segundo caso, é aquele em que a acusação foi simplesmente tomada como pretexto por um poder político para arruinar adversários que ele considerava ainda mais temíveis, uma vez que era bem mais difícil atingi-los por meios ordinários; a destruição da Ordem do Templo é o exemplo mais célebre...

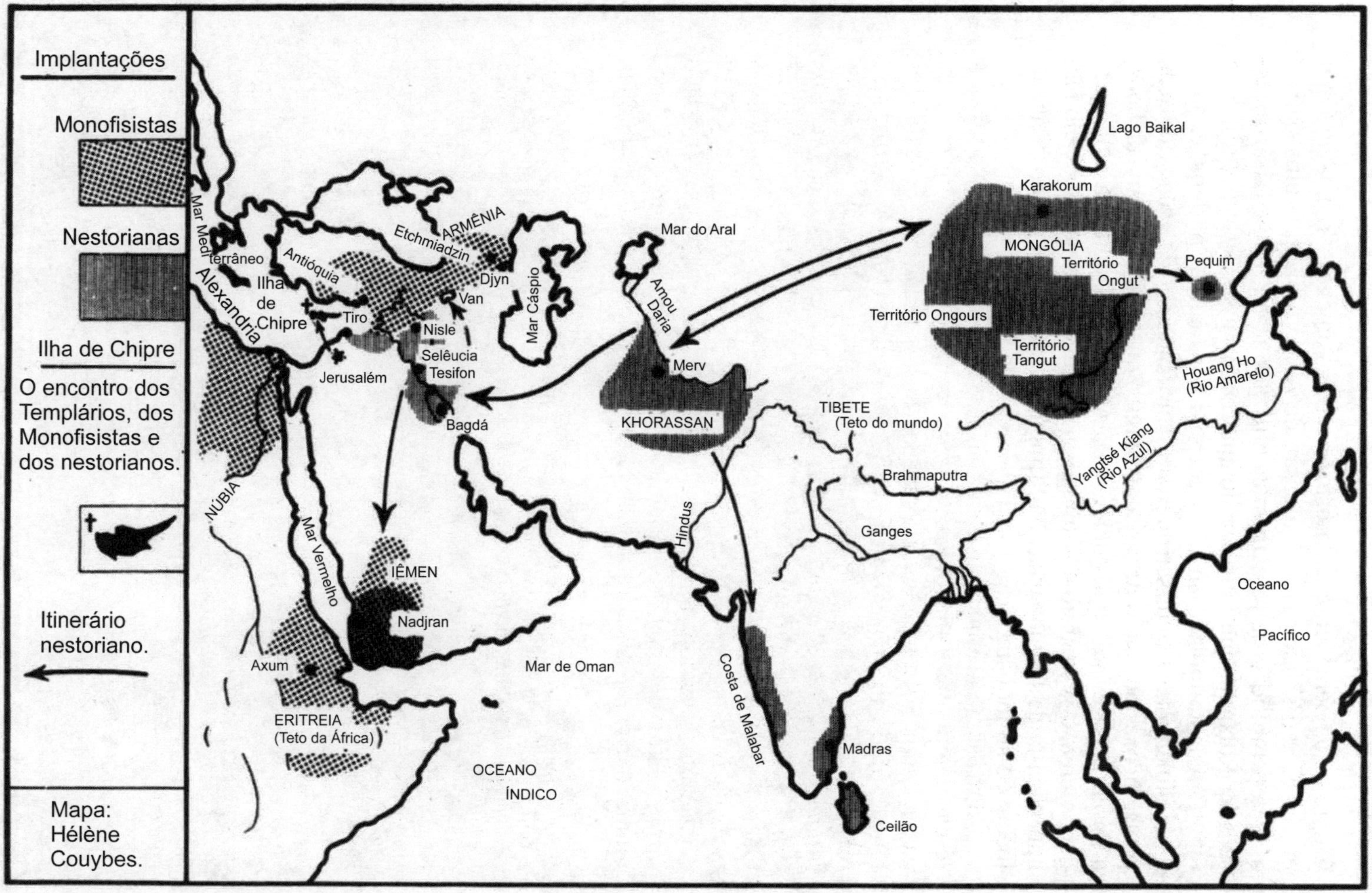

Implantações
Monofisistas
Nestorianas
Ilha de Chipre
O encontro dos Templários, dos Monofisistas e dos nestorianos.
Itinerário nestoriano.
Mapa: Hélène Couybes.
Mar Mediterrâneo
Alexandria
Ilha de Chipre
Antióquia
Tiro
Jerusalém
Etchmiadzin
ARMÊNIA
Djyn
Van
Nisle
Selêucia
Tesifon
Bagdá
Mar Cáspio
Mar do Aral
Amou Daria
Merv
KHORASSAN
NÚBIA
Mar Vermelho
IÊMEN
Nadjran
Axum
ERITREIA
(Teto da África)
Mar de Oman
OCEANO ÍNDICO
Hindus
Costa de Malabar
Madras
Ceilão
TIBETE
(Teto do mundo)
Brahmaputra
Ganges
Lago Baikal
Karakorum
MONGÓLIA
Território Ongut
Território Ongours
Território Tangut
Pequim
Houang Ho
(Rio Amarelo)
Yangtsé Kiang
(Rio Azul)
Oceano
Pacífico

Chipre – no poema em que Ariosto vê a bela Angélica, "rainha do Catai ou dos Cátaros" (sempre a obsessão de Aroux), inspirar uma paixão ardente à multidão de príncipes, e entre eles ao tal rei da Tartária e ao senador Rolando, que acabou enlouquecendo.

    O Ariosto mostra Angélica correndo os maiores perigos, exposta a ser violentada, isto é, sem o véu e "profanada". Ela escapa de seus perseguidores por meio de um anel mágico que, colocado em sua boca, a torna invisível aos olhos deles. Para Aroux, isso significa a "linguagem secreta dos sectários". Linguagem secreta, certamente. Como não aproximá-la da língua siríaca, a "Língua dos Pássaros", e do conhecimento do simbolismo?...

Bibliografia Resumida

Livros, tema geral

R. GUÉNON, *Aperçus sur l'Initioation, Aperçus sur l'ésotérisme chrétien, Études sur la Franc-Maçonnerie et le compagnonnage* (2 vol.), *Autorité spirituelle et pouvoir temporel, Le Symbolisme de la Croix, L'Ésotérisme de Dante, Le Roi du Monde,* Editions Traditionnelles, 11 quai Saint-Michel, Paris.

Livros, as organizações cavaleirescas

P. BERTRAND DE LA GRASSIÈRE, *L'Ordre militaire et hospitalier de Saint-Lazare de Jérusalem*, prefácio do duque de Brissac, editora Peyronnet e Cie, Paris.
P. LACROIX, *La vie militaire et religieuse au Moyen Âge et à époque de la Renaissance*, editora Firmin Didot, 1873.
E. VIGNAT, *Les Lépreux et les chevaliers de Saint-Lazare de Jérusalem et du Mont-Carmel*, Paris, 1884.
Gautier de SIBERT, *Histoire des ordres royaux hospitaliers et militaires de Notre-Dame du Mont-Carmel et de Saint-Lazare de Jérusalem*, Casa de Impressão real, Paris, 1712.
P. TOUSSAINT DE SAINT-LUC, *L'Ordre de Saint-Lazare*, Paris, 1666.
R. P. MENESTRIER, *Nouvelle Méthode raisonnée du blason et de l'art héraldique*, Lyon, 1780.
W. MAIGNE, *Abrégé méthodique de la science des armoires*, editora Garnier frères, Paris, 1860.
Cl. E. ENGEL, *Histoire de l'Ordre de Malte*, editora Nagel, Paris, 1968.
R. VIEL (F. Cadet de Gassicourt e barão do Roure de Paulin), *Les Origines symboliques du blason*, (seguido do *L'Hermétisme dans l'art héraldiques*), editora Berg, Paris, 1972.

Comte D. PICCOLI, *Histoire de la chevalerie, des croisades et de l'ordre de la Milice de Jésus-Christ depuis leurs origines jusqu'à nos jours*, editora Tobra e M. Simonet, Paris, 1905.
Fra D.M. FEDERICI, *Histoire des chevaliers de Santa Maria Gloriosa*, 1787, Biblioteca Corsini, Roma.

Os Templários

G. BORDONOVE, *Les Templiers*, editora Arthème Fayard, 1963.
J. de HAMMER, *Histoire de l'Ordre des Assassins*, Clube Francês do Livro, 1960.
L. CHARPENTIER, *Les Mystères templiers*, editora Robert Laffont.
Grouvelle, *Mémoires historiques sur les Templiers*, F. Buisson, 1805, B. N. 3074. 11. 100.
L. DALLIEZ, *Les Templiers et le règles de l'Ordre du Temple*, editora Belfond, 1972.
G. LEGMAN, *La Culpabilité des Templiers*, editora Tchou, 1969.
R. OURSEL, *Le Procès des Templiers*, editora Denoel, 1953.
F. FUNCK-BRENTANO, *Le Moyen Âge*, editora Hachette.

Dante

DANTE, *La Divine Comédie*.
P. MANDONNET O. P., *Dante le théologien*, editora Desclée de Brouwer et Cie, 1935.
A. VALENSIN S. J., *Le Christianisme de Dante*, editora Aubier-Muntaigne, 1954.
A. MASSERON, *Dante et Saint Bernard*, editora Albin-Michel, 1953.
E. AROUX, *Dante hérétique, révolutionnaire et socialiste*, editora Niclaus, 1939.

As Cruzadas

C. MORRISSON, *Les Croisades*, P.U.F., "Que sais-je?, n° 197, 1961.
R. GROUSSET, *Histoire des croisades et du royaume latin de Jérusalem* (e vol.), editora Plon.
P. LESOURD e Cl. PAILLAT, *Dossier secret de l'Église de France* (2 tomos), editora Presses de la Cité, 1968.
J. DANIELOU e H. MARROU, *Nouvelle Histoire de l'Église* (2 tomos), editora Seuil, 1963.
MIRCEA ELIADE, *Traité d'histoire des religions*, editora Payot, 1949.

HAMMAN O.F.M., *Prières des premiers chrétiens*, edição Arthème Fayard, 1952.
BRIGHTMAN, *Eastern liturgies*, Oxford, 1880.
L. BOUYER, *Eucharistie, théologie et spiritualité de la prière eucharistique*, editora Desclée de Brouwer, 1966.
J. M. A. SALLES-DABADU, *Les Conciles œcuméniques dans l'histoire*, editora La Palatine, Genève, 1962.
J. GOUILLARD, *Petite Philocalie de la Prière du cœur*, (tradução e apresentação, editora Seuil, Cahiers du Sud, 1953).
J. MEYENDORFF, *Saint Grégoire Palamas et la mystique orthodoxe*, editora Seuil, "Maîtres spirituels" n° 20, 1954.
Abbé GODESCARD, *La vie des saints* (10 vol.), editora Leroux et Jouly, Paris, 1858.

Franco-Maçonaria e Templarismo

BAZOT, *Manuel du Franc-Maçon*, Paris, 1811.
VUILLAUME, *Tuileur maçonnique*, Paris, 1820.
E. J. CHAPPRON, *Nécessaire maçonnique*, Amsterdam, 1812.
W. HANNAH, *Christian by degrees*, Briton Publishing Company, London, 1964.
J.-M. RAGON, *Orthodoxie maçonnique*, Cercle des Amis de la Bibliothèque iniciatique, Paris, 1972.
De la TIERCE, *Histoire, obligations et statuts de la très vénérable confraternité des Francs-Maçons*, Francfort-sur-le-Main, 1742.
A. LANTOINE, *Histoire de la Franc-Maçonnerie française*, editora Nourry frères,1972.
A. Le BIHAN, *Franc-Maçons parisiens du Grand Orient de France*, Paris, 1966.
P. CHEVALLIER, *Les Ducs sous l'acacia ou les premiers pas de la Franc-Maçonnerie française*, editora J. Vrin, 1964.
E. BRAULT, *Mystère du Chevalier Ramsay*, Paris, 1970.
J. SAUNIER, *Les Francs-Maçons*, editora Grasset, 1972.
A. GROUSSIER, *Principaux personnages ayant appartenu au Grand Orient de France*, Biblioteca do G.O.D.F.
T. BAKOUNINE, *Répertoire biographique des Francs-Maçons russes*, editora Petropolis, Bruxeles, 1940.
J.-P. BAYARD, *Le symbolisme maçonnique traditionnel*, 1974.
P. NAUDON, *Histoire et rituel des hauts grades maçonniques: le Rite Écossais ancien et accepté*, editora Dervy-Livres, 1966.

Simbolismo e Esoterismo

J. TOURNIAC, *Vie et perspectives de la Franc-Maçonnerie traditionnelle*, editora Gedalge, 1965; *Symbolisme maçonnique et tradition chrétienne*, editora Dervy-Livres, 1965; *Principes et problèmes du Rite Écossais rectifié et de sa chevalerie templière*, editora Dervy-Livres, 1969; *Prpopos sur René Guénon*, editora Dervy-Livres, 1973.

História do Preste João e gnose oriental
O Graal

H. CORBIN, *En Islam iranien* (4 tomos), edições Gallimard, NRF, 1972; *Histoire de la philosophie islamique*, editora Gallimard NRF; *L'Homme de lumière dans le soufisme iranien*, Lib. Médicis, 1971; *Terre celeste et corps de résurrection de l'Iran mazdéen à l'Iran shî'ite*, editora Buchet-Chastel, 1961.
M. ELISSAGARAY, *Le Manuscrit de Jean de Hildesheim*, editora Seuil, 1966.
L.-I. RINGBOM, *Graal Tempel und Paradies*, Stockholm, 1951.
J. DORESSE, *L'Empire du Prêtre Jean* (2 vol.), editora Plon.
A. BÉGUIN e Y. BONNEFOY, *La Quête du Saint Graal*, Club du meilleur livre, 1958.
W. D'ESCHENBACH, *Parzival*, Leipzig, *1912*.
G. COHEN, *Chrétien de Troyes et son œuvre*, Paris, 1931.
G. OPPERT, *Presbyter Johannes*, Berlim, 1870.

Monofisistas e nestorianos:
Religião, povos, arquitetura Armênia,
Abissínia e a Ilha de Chipre

H. PASDERMADJIAN, *Histoire de l'Arménie*, Livraria H. Samuelian, 1949.
M. ORMANIAN, *L'Église atménienne*, catholicossat armênio da Cilícia, 1954.
F. NANSEN, *L'Arménie et le Proche-Orient*, editora Massis, 1928.
R. GROUSSET, *Histoire de l'Arménie*, editora Payot, 1947.
J. DORESSE, L´Empire du Prête Jean, editora Plon.
Moïse De KHOREN, *Histoire d'Arménie*, Biblioteca Marie-Nubar, União Geral Armênia de Beneficência, Fundação Boghos Nubar Pacha.
E. UTUDJIAN, *Les Monuments arméniens du IVe au XVIIe siècle*, editora Morancé, 1969.

E. BALTRUSAITIS, *Études sur l'art medieval en Géorgie et en Arménie*, Paris, 1929.
J. STRZYGOWSKI, *Die Baukunst des Armenier in Europa*, Viene, 1918.
A. GRANT, *Nestoriens ou tribus perdues*, Biblioteca Marie-Nubar, União Geral Armênia de Beneficência, Fundação Boghos Nubar Pacha.
E. BORÉ, *La Vie religieuse chez les Chaldéens*, Biblioteca Marie-Nubar, União Geral Armênia de Beneficência, Fundação Boghos Nubar Pacha.
O. F. A. MEINARDUS, *The Copts in Jerusalem*, Le Caire, 1960.
O. H. E.-Khs-Burmester, *The Egyptian or coptic Church, (a herteled description of her liturgical services and the rites and ceremonies observed in the administration of her sacraments)*, Le Caire, 1967.
J. HACKIN, *L'œuvre de la délégation française en Afghanistan*, Tokyo, 1973.
T. ANDRAE, *Les origines de l'islam et le christianisme*, editora A. Maisonneuve, 1955.
A. DAVY, *Éthiopie d'hier et d'aujourd'hui*, Paris, 1970.
G. GERSTER e colaboradores, *Art éthiopien, églises rupestres*, col. "Zodiaque", La Pierre qui vire, 1968.
L. DURREL, *Les Citrons acides*, editora Hachette, 1931.
W. HEPWORTH, *British Cyprus*, Dixon, 1887.
E. GRANGER, *Les Races humaines*, editora Buchet-Chastel, 1960.
Dr G. CONTENAU, *Manuel d'archéologie orientale*, editora A. e J. Picard e Cie, 1947, tomos I, II, III e IV.
A. G. BARROIS O. P., *Manuel d'archeologie biblique*, editora A. Picard, 1939, tomos I e II.
J. DORESSE, *La Vie quotidienne des Éthiopiens chrétiens*, (nos séculos XVII e XVIII), editora Hachette, 1972.
A. CHOISY, *Histoire de l'architecture*, editora Vincent, Fréal et Cie, 1954, tomos I e II.

Revistas, manuscritos etc.

P. BERTRAND DE LA GRASSIÈRE, "Um précurseur à Grenelle: l'Ordres de Saint-Lazare de Jérusalem", revista *L'Information universitaire et culturelle*, nº 1, 1971.
Museu da Legião de Honra, *Brochures sur l'Ordre militaire de la Maison royale de Saint-Cyr*, novembro 1970, janeiro 1971.
J.-P. LASSALLE, *Alfred de Vigny: le Louveteau*, Anais da Universidade de literatura de Toulouse le Mirail, tomo VIII, 1972.

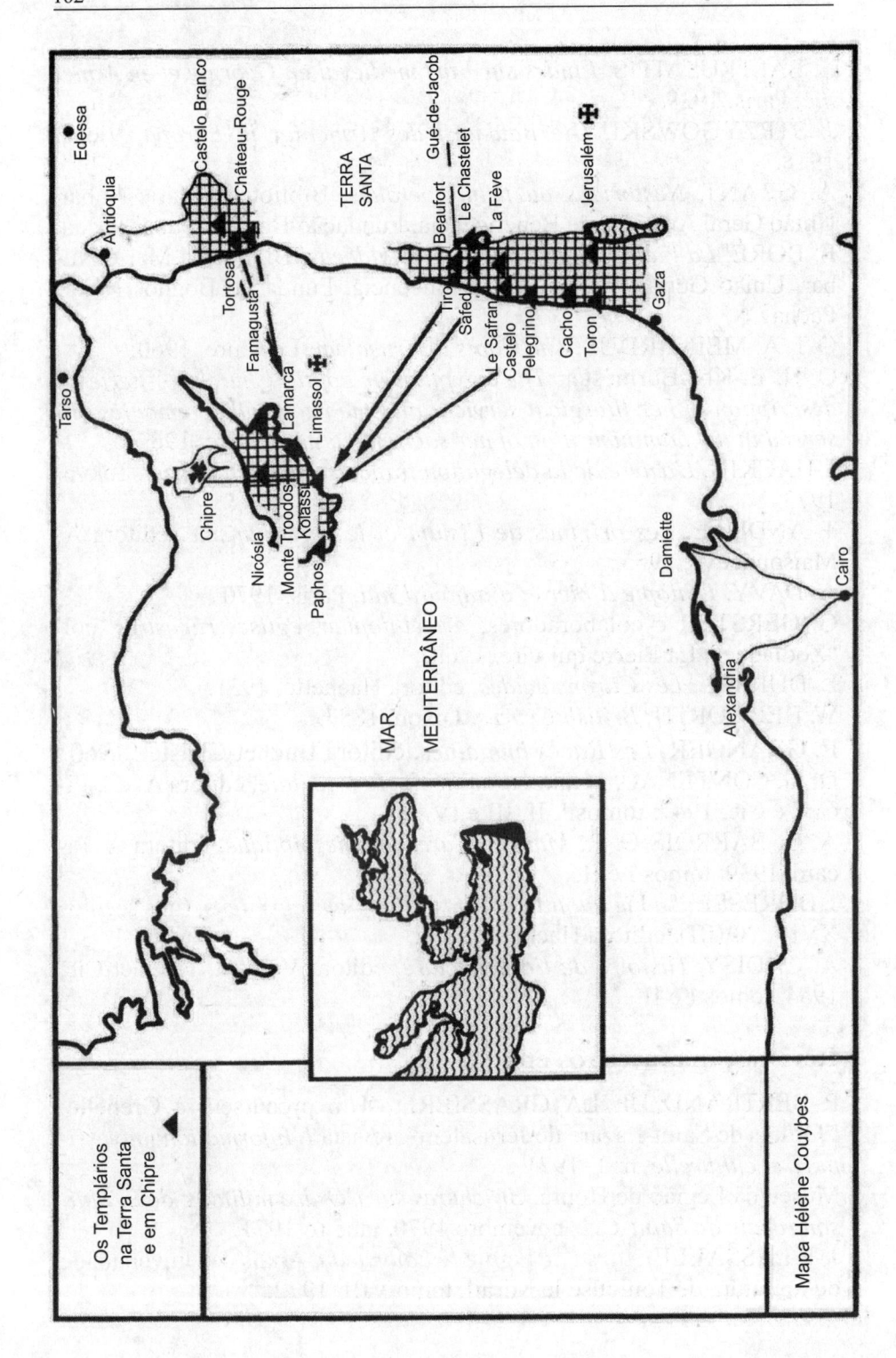

Os Templários na Terra Santa e em Chipre

Mapa Hélène Couybes

Leitura Recomendada

Um pouco mais sobre os Graus de Cavaleiro Templário e de Malta
Rev. Neville Barker Cryer

O que a palavra Bauseant significa? Por que a Cruz de Malta tem oito pontas? O que é um Turcopolier e por que Cavaleiros têm um Almirante?

Nascidos em Berço Nobre
Uma História Ilustrada dos Cavaleiros Templários

Stephen Daphoe

A verdadeira história dos Cavaleiros Templários é tão fascinante quanto as teorias especulativas criadas para explicar o que eles fizeram durante seu reinado de 200 anos como os monges guerreiros mais famosos e infames da cristandade.

Além da Maçonaria Simbólica
O Guia Indispensável Para as Ordens Maçônicas Praticadas Na Inglaterra e no País de Gales

Keith B. Jackson

A Maçonaria Operativa proveniente da Idade Média, caracterizada pelos obreiros, e, posteriormente, a Maçonaria Especulativa, legada pelo Renascimento, foram fundamentais para a evolução da Ordem. Ambas constituem o que hoje podemos chamar de Maçonaria Moderna, que buscou seu aprimoramento e sua atualização na transição da Operativa para a Especulativa. Essa transição se deu com a inclusão de profanos, que passaram pelo rito de Iniciação.

Maçonaria–Uma Jornada por meio do Ritual e do Simbolismo
W. Kirk MacNulty

O significado da Idade Antiga está por trás de estranhos e imutáveis rituais e símbolos da Maçonaria, e pode estar relacionado a nossa vida contemporânea? Os maçons têm suas próprias respostas a essas questões, não acessíveis a profanos nem expressadas pela linguagem atualmente relevante. A obra é totalmente ilustrada, com 48 páginas de gravuras e fotos históricas, o que contribui para o enriquecimento do trabalho esmerado do autor.

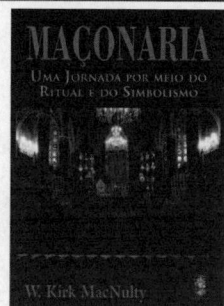

www.madras.com.br

Leitura Recomendada

SIMBOLISMO DO PRIMEIRO GRAU
Rizzardo da Camino

Eis-nos às voltas com mais uma pérola desse tão dedicado Ir∴, que é Rizzardo da Camino, tratando da Simbologia dos Graus. Na verdade, os Símbolos são a alma e a vida da Maçonaria; foi a forma adotada para preservar conhecimentos e disseminá-los entre os obreiros, Grau após Grau, até que o mérito pessoal traga o pleno entendimento da Arquitetura Cósmica.

SIMBOLISMO DO SEGUNDO GRAU
Rizzardo da Camino

Todo obreiro terá aqui as ferramentas necessárias para rapidamente transpor mais essa jornada e entrar na penúltima fase do Simbolismo de que se reveste a Maçonaria para a transmissão de seus conhecimentos. Que cada Ir∴ obreiro encontre a luz para dirimir suas dúvidas e ampliar a compreensão desse vasto universo, com o auxílio inestimável dos preciosos conhecimentos contidos nesse livro.

SIMBOLISMO DO TERCEIRO GRAU
Rizzardo da Camino

Prezado Ir∴,
Essa obra conclui uma das maiores preciosidades para o maçom dedicado e que se empenha na busca do conhecimento.
Com o *Simbolismo do Terceiro Grau* o Ir∴ irá complementar todo o conhecimento necessário para transpor mais essa etapa na sua vida iniciática dentro da Maçonaria e, muito em breve, de acordo com o seu merecimento pessoal, estará adentrando nos Graus Filosóficos.

A LEGENDA E A HISTÓRIA NA MAÇONARIA
Manoel Arão

O escritor maçônico Manoel Arão reuniu nesse trabalho filosofia, simbolismo, lendas e mistérios que permeiam a história da Maçonaria, constituindo um compêndio rico em informações úteis para estudos de membros da Ordem, bem como de profanos que queiram enriquecer seu conhecimento histórico.

www.madras.com.br

Leitura Recomendada

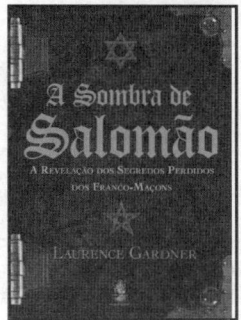

A Sombra de Salomão
A Revelação dos Segredos Perdidos dos Franco-Maçons

Laurence Gardner

Muitos documentos que relatavam fatos importantes a respeito da história e da filosofia da Franco-Maçonaria foram simplesmente destruídos. A perda mais devastadora dos primeiros manuscritos relativos aos ensinamentos filosóficos antigos da Ordem foi causada pelo incêndio da Biblioteca de Alexandria, em 391 d.C., provocado pela Igreja de Roma. Algumas descobertas desses textos foram feitas na Idade Média pelos Cavaleiros Templários ao escavarem as galerias do Templo de Jerusalém, mas muitos documentos foram destruídos pela Inquisição no século XIV, restando apenas alguns registros.

Franco Maçons, Os - O Livro Ilustrado da Antiga Confraria

Michael Johnstone

Belamente ilustrado, este livro levanta o véu de mistério e de segredo para oferecer uma nova visão da Maçonaria. Desde o estabelecimento da Maçonaria Moderna na Europa, no século XVIII, a influência dessa sociedade expandiu-se pelo mundo.

O Livro Completo dos Maçons
Desvendando os segredos da antiga e misteriosa sociedade chamada Maçonaria

Barb Karg, John K. Young

Há centenas de anos, a Maçonaria tem sido alvo de questionamentos por exercer influência no destino de homens, cidades e até mesmo nações. Identificada por muitos como sendo uma sociedade secreta, constantemente lhe são atribuídos rótulos que não condizem com a realidade.

Os Segredos do Templo de Salomão
Os Mitos em Torno do Rei Bíblico

Kevin L. Gest

Essa obra é resultado de mais de dez anos de estudos, pesquisas e viagens para uma investigação histórica do maçom Kevin L. Gest a respeito dos segredos milenares do Templo de Salomão e sua relação com a Maçonaria.

www.madras.com.br

Leitura Recomendada

O Livro de Hiram
Maçonaria, Vênus e a Chave Secreta para a Revelação da Vida de Jesus

Christopher Knight e Robert Lomas

Quando os maçons Christopher Knight e Robert Lomas decidiram pesquisar as origens dos velhos rituais de sua Ordem, não esperavam se envolver com a Astronomia Pré-histórica, nem emaranhar-se no desenvolvimento do Cristianismo. Catorze anos depois, eles concluem sua missão com *O Livro de Hiram*. A obra traz novas e explosivas evidências desenhadas pelas últimas descobertas arqueológicas, pela Bíblia e por antigas versões dos rituais maçônicos.

Girando a Chave de Hiram
Tornando a Escuridão Visível

Robert Lomas

Há muito tempo a Ordem necessita de um livro sério a respeito de seus aspectos espirituais. Depois do sucesso de *O Livro de Hiram*, publicado pela Madras Editora, Girando a Chave de Hiram veio para preencher essa lacuna com o projeto de explorar os profundos sentimentos que a Maçonaria provoca no autor — Robert Lomas.

As Origens da Maçonaria
O Século da Escócia (1590-1710)

David Stevenson

O tema sobre as origens da Maçonaria sempre foi inesgotável entre maçons e estudiosos, que, freqüentemente, encontram-se em um terreno complexo e confuso que apresenta diversas possibilidades quanto à sua verdadeira procedência.

O Templo e a Loja
O Surgimento da Maçonaria e a Herança Templária

Michael Baigent e Richard Leigh

Neste cativante relato de investigação histórica, os autores de *The Holy Blood and The Holy Grail* traçam a fuga dos Cavaleiros Templários, a partir de 1309, da Europa para a Escócia, onde a herança templária fincou raízes e seria perpetuada por uma rede de relações entre as famílias nobres.

www.madras.com.br

Leitura Recomendada

MAÇONARIA – 100 INSTRUÇÕES DE APRENDIZ
Raymundo D'Elia Júnior

O autor reuniu nessa obra um total de 100 instruções que nortearão o Aprendiz em sua senda maçônica, facilitando o seu estudo e entendimento a respeito do Primeiro Grau da Maçonaria

NASCIDOS EM BERÇO NOBRE
Uma História Ilustrada dos Cavaleiros Templários

Stephen Daphoe

A verdadeira história dos Cavaleiros Templários é tão fascinante quanto as teorias especulativas criadas para explicar o que eles fizeram durante seu reinado de 200 anos como os monges guerreiros mais famosos e infames da cristandade.

O COMPASSO E A CRUZ
Uma História dos Cavaleiros Templários Maçonicos

Stephen Dafoe

Stephen Dafoe, renomado escritor e autor maçônico de *Nascidos em Berço Nobre – Uma Historia Ilustrada dos Caleiros Templários* (Madras Editora), considera em detalhes as origens e a evolução dos Cavaleiros Templários Maçônicos desde seu início, na metade do século XVIII, até sua presente forma.

MAÇONARIA – ESCOLA DE MISTÉRIOS
A Antiga Tradição e Seus Símbolos

Wagner Veneziani Costa

É comum ouvirmos que a Maçonaria consiste em uma instituição que congrega homens de bons costumes, solidários e transformadores da sociedade. Há quem diga que sua origem remonta às primeiras civilizações do mundo (egípcios, persas, gregos...) e que vem acumulando diversos conhecimentos desde então.

www.madras.com.br

Este livro foi composto em Times New Roman, corpo 11/14.
Papel Offset 75g
Impressão e Acabamento
Hr Gráfica e Editora — Rua Serra de Paraicana, 716 — Mooca— São Paulo/SP
CEP 03107-020 — Tel.: (011) 3341-6444 — e-mail: vendas@hrgrafica.com.br